WILDLIFE FOTOGRAFIEN DES JAHRES

Portfolio 29

WILDLIFE FOTOGRAFIEN DES JAHRES

Portfolio 29

GEO
KNESEBECK

Vorwort

Eine Definition von Kunst lautet kreativer Ausdruck – mit anderen Worten: Kommunikation. Eine der unmittelbarsten Formen von Kommunikation ist die Fotografie. Ihre wirkungsvollsten Werke berühren uns auf emotionale Weise, und genau das tun die Bilder dieser Sammlung. Darüber hinaus verleihen sie dem wichtigsten und drängendsten Thema heutiger Fotografen Ausdruck: der Natur und unserer Beziehung zu ihr.

Die diesjährige Bildauswahl stellt diese Fähigkeit zu kommunizieren in den Mittelpunkt – die Fotos lösen Staunen, Freude, Überraschung oder sogar Erschrecken aus. Wegen ihnen halten wir inne und denken nach.

Der Jury verlangte die Auswahl von nur 100 aus 48 130 eingereichten Fotos ein enormes Verantwortungsbewusstsein ab. Wie immer verlief der Prozess des Aussortierens zögerlich. Während die Auslese der Glanzstücke Freude auslöst, war es schmerzlich, so viele Bilder zurückweisen zu müssen, die Lob und Ausstellung nicht minder verdient hätten.

Die Mitglieder der Jury sind absolut neutral, sie kennen weder Namen noch Nationalitäten der Fotografen, aus deren eingereichten Bildern sie auswählen. Dieses Jahr hatten Teilnehmer aus rekordverdächtigen 100 Ländern Material eingereicht. Erst ganz am Ende des Auswahlprozesses erfahren die Juroren etwas mehr über die Bilder, allerdings nicht die vollständigen Hintergrundgeschichten wie in diesem Buch. Die Jury weiß deshalb auch nicht, ob ein Foto von einem Profi oder von einem Amateur stammt.

Abgesehen von den drei Sonderpreisen für Story und Portfolios wurden im Wettbewerb vor allem Einzelbilder ausgezeichnet. Dass es sich bei vielen der Siegerfotos nicht um Glückstreffer handelt, zeigte sich bei der Bekanntgabe der Namen. Zwar hatten zahlreiche Fotografen zum ersten Mal am Wettbewerb »Naturfotograf des Jahres« teilgenommen, aber die meisten von ihnen haben schon ein beachtliches Œuvre vorzuweisen.

Glückstreffer sind in der Naturfotografie ohnehin auffällig selten. Hinter den Fotos stehen fast immer Planung, Beharrlichkeit und technisches Know-how. Dies trifft insbesondere auf die mit dem Fotojournalismuspreis bedachten Bilder zu: Die Sieger in dieser Kategorie sind ausnahmslos alle »alte Hasen« auf ihrem Gebiet. Denn um qualitativ hochwertige Fotos mit einer Geschichte, einer Story, zu verbinden, bedarf es nicht nur langjähriger Erfahrung, sondern auch eines erheblichen Zeitaufwands.

Es war schon immer schwierig, den Großteil seines Lebensunterhalts durch narrative Natur- oder Umweltfotografie zu bestreiten. Unser digitales Zeitalter hat die Lage kaum verbessert, weil die Fotografie längst kein künstlerisches Nischenhandwerk mehr ist. Der Markt wird mit Fotos geradezu überschwemmt, bei fallenden Honoraren. Der Begriff »Profifotograf« sollte sich heute nicht mehr allein am Einkommen orientieren, sondern sich durch das konstante Schaffen denkwürdiger Bilder sowie qualitatives und ethisches Engagement auszeichnen. Wer es an die Spitze dieses Wettbewerbs geschafft hat, erfüllt diese Kriterien.

Im letzten Stadium der Auswahl, wenn sich die Juroren für lediglich 100 aus mehreren Hundert Fotos entscheiden müssen, kommt Subjektivität ins Spiel. Schönheit gegen Anschaulichkeit oder die Macht einer Botschaft abzuwägen ist beinahe ein Ding der Unmöglichkeit. Wie sich die jeweilige Emotion, die ein bestimmtes Bild hervorruft, auf den Betrachter auswirkt, hängt von zahlreichen individuellen Faktoren ab. Doch fast immer sind es die frischen, originellen und überraschenden Fotos, die die Aufmerksamkeit der Juroren erregen. Fotos, aus denen die Leidenschaft des Fotografen spricht.

In diesem Jahr stammen besonders viele Bilder aus Regionen, die bisher fotografisch wenig hervorgetreten sind, etwa aus Tadschikistan, der Mongolei und China. Offenbar profitieren die Fotografen aus dieser Weltgegend mittlerweile von einer besseren Ausrüstung und können sich online mit Kollegen anderer Nationalitäten austauschen, die für andere Stile und Perspektiven stehen. Vermutlich lässt sich der Wandel auch auf die Internetpräsenz des Wettbewerbs selbst zurückführen.

Die Zunahme an herausragenden Bildern aus dem Bereich »Verhalten« ist ebenfalls bemerkenswert. Auf diese Kategorie legt der Wettbewerb schon seit jeher großen Wert, gerade für sie ist er besonders berühmt. Allerdings ist es enorm schwierig, qualitativ hochwertige Tierfotos von Verhaltensweisen zu machen, die man nur selten zu Gesicht bekommt oder die den Betrachter überraschen. Wenn ein entsprechendes Bild vorgelegt wird, das sich einerseits durch seine Komposition und andererseits durch ein außergewöhnliches Naturschauspiel auszeichnet, dann verdient es das höchste Lob. Freuen Sie sich also auch dieses Jahr wieder auf eindringliche und unvergessliche Tier- und Naturfotografien.

Rosamund Kidman Cox
Vorsitzende der Jury »Naturfotograf des Jahres 2019«

Der Wettbewerb

Heute gibt es kaum noch Fotografen, Freunde der Fotografie und Naturliebhaber, die den Wettbewerb »Naturfotograf des Jahres« nicht wenigstens dem Namen nach kennen. Ins Leben gerufen wurde er 1965, womit er der älteste seiner Art ist – und inzwischen auch der renommierteste. Er erfreut sich einer umfassenden internationalen Berichterstattung und Beteiligung aus aller Welt: Dieses Jahr wurden Bilder aus sage und schreibe 100 Ländern eingereicht.

Von Anfang an galt der Wettbewerb nicht nur der Auszeichnung von Fotografen – sowohl Profis als auch Laien – für ihre technischen Fähigkeiten und ihre Leistung hinsichtlich eines besonderen Fotos. Er will auch zu ästhetischer Kreativität und Weitsicht inspirieren. Seine Anfänge liegen in einer Zeit, in der der Umweltschutz gerade ins Bewusstsein der Öffentlichkeit drang. Deshalb trug er auch immer dazu bei, dieses Bewusstsein zu schärfen. Heute werden Auszeichnungen für künstlerisch wertvolle Bilder vergeben, die Umwelt- und Naturschutzfragen in den Fokus rücken, durch die unmittelbare Wirkung des Bildes selbst oder als Teil einer Geschichte.

Zudem hatte der Wettbewerb immer die nächste Generation von Fotografen im Blick und schuf aus diesem Grund eigens die Kategorie »Junger Naturfotograf des Jahres« für 17-jährige und jüngere Nachwuchstalente. Und um aufgehenden Sternen am Naturfotografenhimmel im Wettbewerb mit ihren längst strahlenden, erwachsenen Pendants einen gewissen Vorteil zu verschaffen, gibt es den »Rising Star«-Portfoliopreis für 18- bis 26-Jährige. Der Sieg in dieser Kategorie mitsamt der dazugehörigen Publicity kann einer Karriere durchaus die entscheidende Starthilfe geben.

Die restlichen meist 15 Hauptkategorien, darunter ein Portfoliopreis sowie ein Preis für eine Naturfotojournalismus-Story, spiegeln die enorme Themenvielfalt, die in der Natur zu finden ist, wider, sei es innerhalb des Genres der Schwarz-Weiß-, der Landschafts- oder der Unterwasserfotografie. Von den Siegern aller Kategorien wird schließlich einer zum »Naturfotografen des Jahres« gekürt und nicht nur mit dem höchsten Renommee, sondern auch mit einem Preisgeld von 10 000 Pfund belohnt.

Der Wettbewerb beginnt jedes Jahr Ende Oktober, beendet wird er dann im Oktober des folgenden Jahres, wenn die ausgezeichneten Fotografen im Natural History Museum in London zusammenkommen, um ihre prestigeträchtigen Preise entgegenzunehmen. Zu diesem Zeitpunkt wird im Museum auch die Ausstellung der 100 Siegerfotos eröffnet, die mehr als sechs Monate lang zu sehen ist und anschließend auf Wanderschaft durch ganz Großbritannien und Europa bis nach Australien und Nordamerika geht.

Darüber hinaus werden die Fotos in Büchern, Zeitungen sowie Zeitschriften und nicht zuletzt auch auf diversen Internetplattformen veröffentlicht, die eine geschätzte Reichweite von über einer Milliarde Menschen haben. Damit setzt der Wettbewerb heute nicht nur den Maßstab für die Naturfotografie, er trägt auch überlebenswichtige Umwelt- und Naturschutzbotschaften in praktisch jede Ecke der Welt.

Die Fotos für das nächste Jahr können vom 21. Oktober 2019 bis zum 12. Dezember 2019 eingereicht werden.
Mehr dazu unter: www.wildlifephotographeroftheyear.com

Jury

Vorsitzende: **Rosamund »Roz« Kidman Cox** (Großbritannien), Autorin und Redakteurin

Theo Bosboom (Niederlande), Naturfotograf

Melissa Dale (USA), Geschäftsführerin und Kamerafrau, The Nature Conservancy

Jürgen Freund (Australien), Naturgeschichts- und Umweltschutzfotograf

Helen Gilks (Großbritannien), geschäftsführende Direktorin, Nature Picture Library

Paul Hilton (Hongkong), Umweltschutz-Fotojournalist

Ole Jørgen Liodden (Norwegen), Naturfotograf und Umweltschützer

Tim Littlewood (Großbritannien), wissenschaftlicher Direktor, Natural History Museum, London

Kathy Moran (USA), leitende Redakteurin im Bereich Naturgeschichte der Zeitschrift *National Geographic*

Naturfotograf des Jahres 2019

Der Naturfotograf des Jahres 2019 ist **Yongqing Bao**.
Sein Bild wurde zum eindrucksvollsten und denkwürdigsten Foto des gesamten Wettbewerbs gekürt.

SIEGER

Yongqing Bao

CHINA

Der gebürtige Tibeter aus der chinesischen Provinz Qinghai wuchs im Hochland von Tibet auf und publiziert als Naturfotograf in chinesischen Zeitungen und Zeitschriften. Er absolvierte eine Ausbildung zum Ökologen und ist als Leiter sowie ökologischer Cheffotograf für die Qilian Mountains Nature Conservation Association of China tätig.

Ein Augenblick von Leben und Tod

Im Grasland der Qinghai-Tibet-Hochebene hielt der Frühling Einzug und der Schnee begann zu schmelzen. Seit Anbruch des Tages wartete die Tibetfüchsin, die drei hungrige Junge versorgte, in der Nähe der Himalaya-Murmeltier-Kolonie darauf, dass sich deren Tiere aus ihrem Bau wagten. Ein vorwitziges junges Murmeltier traute sich als Erstes, erblickte den Fuchs und stieß schrille Alarmschreie aus, um seine Artgenossen zu warnen. Diese verschwanden daraufhin wieder eiligst unter der Erde. Die Füchsin stellte sich nun schlafend. Nur ihre Augen verrieten, dass sie hellwach war. Nach etwa einer Stunde traute sich das Murmeltier ganz aus dem Bau heraus, als hätte es die draußen lauernde Gefahr vergessen. Vielleicht war es nach dem langen Winterschlaf einfach hungrig, jedenfalls kam es an die Oberfläche und begann, mit gesenktem Kopf nach nahrhaften Pflanzen zu suchen. Das war die Chance für die Füchsin: Sie sprintete den Hang hinauf und verfehlte das Murmeltier nur knapp, das sich genau in diesem Augenblick umdrehte. Einen Moment lang schienen beide wie eingefroren, doch dann schätzte das unerfahrene Murmeltier die Situation falsch ein. An diesem Tag gingen die Jungen der Tibetfüchsin nicht leer aus: Das Murmeltier rettete ihnen das Leben, indem es sein eigenes verlor. Der Fotograf – ein Buddhist und allen Tieren seiner tibetischen Heimat zugetan – sieht das Bild, mit dem er für seine Geduld belohnt wurde, mit gemischten Gefühlen. Es stimmt ihn gleichzeitig traurig und froh. Pure Freude allerdings empfand er, als ihm mitgeteilt wurde, dass sein Bild zum Gesamtsieger des Wettbewerbs gekürt worden war. Auf diese Weise bringt er vielen anderen Menschen auf der Welt die »wahre Schönheit« der tibetischen Natur näher.

(SIEHE AUCH SEITE 70.)

Canon EOS-1D X, Canon-Objektiv 800mm f5,6; 1/2500 Sek. bei Blende 5,6 (+0,67 e/v); ISO 640; Manfrotto-Carbonstativ und 509HD-Stativkopf.

Der »Naturfotograf des Jahres«-Portfoliopreis

SIEGER

Stefan Christmann

DEUTSCHLAND

Stefans Leidenschaft für die Naturfotografie wurde 2005 entfacht, als er als erster ausländischer Student ein Stipendium der North American Nature Photography Association bekam. Im Jahr 2011 erlag er im Zuge eines 15-monatigen Forschungsaufenthalts in der deutschen Antarktis-Forschungsstation Neumayer III dem Zauber dieses Kontinents. Nach einer Tätigkeit als Kameraentwickler für ein deutsches Unternehmen kehrte er 2017 ins ewige Eis zurück und wirkte als Expeditionsfotograf und Kameraassistent an der BBC-Serie *Dynasties* mit, für die er ein Jahr lang das Leben der Kaiserpinguine dokumentierte.

Balanceakt

Der Paarungsakt wirkt bei Kaiserpinguinen – ungeachtet ihrer sonst eleganten Erscheinung – etwas tollpatschig. Das Weibchen lässt sich vorsichtig auf dem Meereis nieder, spreizt seine Flossen, hebt den Schwanz, um Bereitschaft zu signalisieren, und verfällt in Starre. Das Männchen – immerhin bis zu 40 Kilogramm schwer und durch seine Stummelbeinchen sowie einen hohen Körperschwerpunkt benachteiligt – versucht nun, auf die Partnerin zu klettern. Für Stefan Christmann war es in mehrfacher Hinsicht ein Glücksfall, auf dieses einsame Paar zu stoßen. Bei vielen Artgenossen hatten die Paarungen bereits vor Ende Mai stattgefunden. Im Gewimmel der Kolonie ist davon kaum etwas zu erkennen. Das Meereis vor dem antarktischen Ekström-Schelfeis war jetzt gerade dick genug, um einen Menschen tragen zu können. »Das Männchen hatte Mühe, das Gleichgewicht zu halten«, erinnert sich der Fotograf, »wie jemand, der zum ersten Mal auf einem Surfbrett steht.« Als der Pinguin es endlich geschafft hatte, senkte er den Schwanz und kopulierte nur einige Sekunden lang mit seiner Partnerin, bevor er rücklings von ihr herunterpurzelte. Dann standen beide auf, nickten einander synchron zu, als ob sie zeigen wollten, dass etwas sie verbinde, was ihnen in rauen Zeiten Halt gebe. Der ruhige und klare Hintergrund des Meereises und ein in der Ferne gestrandeter Eisberg, der sanft von der untergehenden Sonne angestrahlt wird, lässt weder die extreme Kälte noch die bevorstehende Verschärfung des antarktischen Winters erahnen, der das Gebiet monatelang in Dunkelheit taucht.

Nikon D810, Nikon-Objektiv 400mm f2,8; 1/400 Sek. bei Blende 5,6; ISO 800.

Aneinandergeschmiegt

Auf dem Meereis der antarktischen Atka-Bucht vor dem Ekström-Schelfeis drängen sich mehr als 5000 männliche Kaiserpinguine zum Schutz vor dem Wind und der spätwinterlichen Kälte dicht zusammen. An diesem Tag herrschte ruhiges Wetter, doch als sich Stefan kurz einen Handschuh auszog, um die Feineinstellung an seinem Tilt-und-Shift-Objektiv vorzunehmen, fühlte sich die Kälte in seinen Fingerspitzen wie Nadelstiche an. Jedes verpaarte Männchen balanciert eine kostbare Fracht auf seinen Füßen: ein einzelnes Ei, das unter einer Hautfalte – der sogenannten Bruttasche – versteckt ist. Nur so hat es eine Chance, den rauesten Winter auf Erden zu überstehen, in dem die Temperaturen nicht selten unter -40°C fallen und sich durch schweren Windchill sowie heftige Schneestürme noch kälter anfühlen. Die Weibchen übergeben die Eier ihren Gefährten zum Bebrüten und machen sich dann auf zum Meer, wo sie bis zu drei Monate lang nach Nahrung suchen. Körperliche Anpassungen, darunter Körperfett und mehrere Schichten schuppenartiger Federn, die nur der schärfste Wind zerzausen kann, helfen den Männchen dabei, die Kälte zu ertragen. Allerdings hängt ihr Überleben vom Miteinander ab: Die Vögel drängen sich aneinander, der Rücken ist dem Wind zugekehrt, der Kopf gesenkt, um sich gegenseitig zu wärmen. Die Pinguine am windseitigen Rand lösen sich konstant aus der Gruppe und watscheln an den Flanken entlang zur geschützteren Seite; so entsteht eine unablässige Prozession, die die gesamte Gruppe allmählich immer weiter in Windrichtung versetzt. In der Mitte kann es bisweilen so warm werden, dass sich die Gruppe vorübergehend auflöst, damit sich die Tiere abkühlen können, wobei regelrechte Dampfwolken aufsteigen. Von Mitte Mai bis Mitte Juli steigt die Sonne nicht über den Horizont. Gegen Ende des Winters aber – zu dieser Zeit entstand das Bild – herrscht für einige Stunden am Tag zumindest Dämmerung. Dieses Licht verhalf Stefan Christmann, unterstützt von moderner Kameratechnologie und mithilfe einer etwas längeren Belichtungszeit, zu seinem brillanten Foto.

Nikon D810, Nikon-Tilt-und-Shift-Objektiv 45mm f2,8; 1/60 Sek. bei Blende 11; ISO 800; Gitzo-5562LTS-Stativ und Novoflex-CB5II-Kugelkopf.

Wiege des Lebens

»Einen Kaiserpinguin mit schlüpfendem Jungen auszumachen, war relativ einfach«, erzählt Stefan Christmann. Der werdende Vater hob häufig die Bruttasche, um nach dem Fortschritt des Kükens zu sehen. Das Problem bestand eher darin, einen Vogel zu finden, der im entscheidenden Moment in die richtige Richtung blickte, und das auch noch binnen der wenigen Minuten am Tag, in denen es hell war. Während sich seine Partnerin am Meer aufhält, muss das Männchen den bitterkalten antarktischen Winter ohne Nahrung überstehen und dabei das einzelne Ei auf seinen Füßen ausbrüten. Nach 65 bis 75 Tagen schlüpft dann das Junge – in diesem Fall am 3. August. Mit viel Geduld und etwas Glück fand der Fotograf den idealen Standort. Durch den schützenden Vorhang des weichen, weißen väterlichen Gefieders hindurch konnte er beobachten, wie das winzige Küken – zu diesem Zeitpunkt ganze 200 Gramm schwer – versuchte, die Eierschale zu durchbrechen. »Es schloss immer wieder die Augen und wirkte erschöpft«, erinnert sich Stefan. Wie es da zusammengerollt auf den Eierschalen liegt, mit dem Kopf auf den Füßen, von einer dünnen Schicht schwarzen Flaums bedeckt und mit geschlossenen Augen, symbolisiert es Zerbrechlichkeit, die in eine höchst unwirtliche Welt hineingeboren wird.

Nikon D810, Nikon-Objektiv 400mm f2,8 bei 45mm; 1/200 Sek. bei Blende 5,6; ISO 800.

Familienbande

Die enge Bindung zwischen Eltern und Nachwuchs ist für das Überleben eines Kaiserpinguin-Kükens entscheidend. Zunächst ist das Junge noch so klein, dass es, eingehüllt in warmes Gefieder, auf den Füßen des Altvogels balancieren kann. Doch schon bald muss es auf eigenen Beinen stehen, auf dem Eis, mitten im Lärm und geschäftigen Trubel der Kolonie. Später wird es in einer Krippe untergebracht, einer Art Kindergarten oder Hort, wenn sich beide Eltern in fernen Fischgründen auf Nahrungssuche begeben. Nur an der Stimme erkennen die Mitglieder der Familie einander unter den Tausenden von Vögeln in der Kolonie wieder. Der Vater bebrütet das Ei zwar allein, doch wenn das Junge erst einmal geschlüpft ist, dann teilen sich die Eltern die Pflichten der Aufzucht und kümmern sich gemeinsam ständig um das Einzelkind. Stefan Christmann konzentrierte sich auf bettelnde Junge, wusste aber nie, wie die Sache dann weiterging. Manchmal fütterten die Altvögel das Küken, manchmal putzten sie ihm das Daunengefieder, manchmal liebkosten sie es, manchmal stellten sie Blickkontakt her und manchmal senkten sie einfach den Kopf, wenn sie nach ihm riefen. Die niedrig stehende Sonne warf ein sanftes Licht auf dieses sechs bis acht Wochen alte Küken, das sich seinem liebevollen Elternteil entgegenstreckt.

Nikon D700, Nikon-Objektiv 185mm f3,5; 1/160 Sek. bei Blende 5,6; ISO 400.

Fluffige Formation

Im Gegensatz zu den riesigen Gruppen, die erwachsene Kaiserpinguine im Winter bilden, entstehen die Minigruppen der Jungvögel spontan und ungeordnet. Nach dem Schlüpfen schreitet die Entwicklung der Küken rasch voran: Im Alter von zwei Monaten – in diesem Fall war das Anfang Oktober – haben sie bereits ein dichtes, dickes Daunengefieder und einen sehr großen Appetit. So müssen beide Eltern ständig auf die Jagd gehen, um ausreichend Futter heranzuschaffen, das hauptsächlich aus hervorgewürgtem Fisch, Krill und Tintenfisch besteht. Dabei müssen sie die Jungen für längere Zeiträume zwangsläufig auf dem Eis allein lassen. Diese Zeit nutzt der Nachwuchs, um sich zu kleineren Gruppen zusammenzuschließen. Durch das Aneinanderdrängen halten sich die Tiere nicht nur gegenseitig warm – was vor allem nachts wichtig ist –, sie üben damit auch schon die spätere Gruppenbildung, von der das Überleben der Männchen im antarktischen Winter abhängt. Das Abwechseln in der warmen Mitte der Gruppe funktioniert bei den Jungen allerdings noch nicht ganz so gut. »Manchmal rannten Jungtiere auf die Gruppe zu und sprangen direkt in die Mitte, über die Köpfe ihrer Artgenossen hinweg«, berichtet Stefan. Zum Glück waren die anderen nicht nachtragend. Solche Minigruppen entstehen schnell, wenn die Temperaturen plötzlich fallen oder der Wind zunimmt. »Zuerst stecken nur ein paar Küken die Köpfe zusammen. Bereits wenige Minuten später hat sich eine flauschige Daunenkugel aus 50 Tieren und mehr gebildet.«

Nikon D700, Nikon-Objektiv 70–200mm f2,8 bei 195mm; 1/60 Sek. bei Blende 8; ISO 400.

Sprung ins kalte Wasser

Stefan folgte dieser Gruppe Kaiserpinguine am Rand des Ekström-Schelfeises entlang für fast zwei Wochen und schlief in dieser Zeit nur wenige Stunden am Tag. Er wollte nicht den entscheidenden Augenblick verpassen. »Mir war klar, dass sie irgendwann springen mussten«, erklärt er. Im Laufe des antarktischen Winters hatte sich eine Menge Schnee angesammelt und bildete nun Rampen zwischen Meereis – auf dem die Vögel brüten – und Schelfeis. Über diese Rampen müssen Pinguine ihr schmelzendes Winterquartier verlassen, um zum Schelfeis zu gelangen. Dort bleibt das Eis intakt. Die Tiere haben so mehr Zeit, ihr vollständiges Gefieder zu entwickeln oder, im Fall der Altvögel, die jährliche Mauser zu durchlaufen. Dabei werden die Federn erneuert, die gegen Wasser und Kälte schützen. Während der Mauser, die rund einen Monat dauert, müssen die Vögel auf dem Eis bleiben. Auch die Jungen können erst richtig schwimmen, wenn sie voll ausgefiedert sind. Durch das frühe Schmelzen des Meereises konnten sich die Tiere nicht einfach ins Wasser gleiten lassen – sie mussten einen sportlichen Sprung von der Rampe aus wagen. Dieses Foto entstand Mitte Januar, als der erste Vogel sich traute, und Stefan hatte Glück, dass das Wasser ruhig und das Licht so weich und flächig war. Dadurch gibt das Bild die Kälte gut wieder. Die meisten Altvögel schlossen sich dem ersten Springer rasch an, die Jungen im Hintergrund aber, erkennbar an den hellen Gesichtern mit Daunenresten, zögerten offensichtlich noch vor dem ersten Sprung.

Nikon D500, Nikon-Objektiv 400mm f2,8; 1/320 Sek. bei Blende 5,6; ISO 200.

Unterwasserwelten

SIEGER

Der Aalgarten

David Doubilet

USA

David hatte selten zuvor eine so große Röhrenaal-Kolonie gesehen. Auf einer Fläche von mindestens zwei Dritteln eines Fußballfeldes zog sie sich einen steilen, sandigen Abhang vor Dauin auf den Philippinen am Rand des berühmten Korallendreiecks hinab. David tauchte im seichten Gewässer auf der Suche nach einem geeigneten Standort für seine Kamera an der Kolonie entlang. Auf eine solche Chance hatte er lange gewartet: In seinem Studio hatte er seine Vorstellung vom Idealporträt einer Aal-Kolonie zu Papier gebracht und ein Unterwasser-Fernbedienungssystem entwickelt, mit dem er seinen ehrgeizigen Traum verwirklichen konnte. Damit kehrte er auch zu einem seiner Lieblingsthemen zurück: Bereits bei seinem ersten (von vielen) in der Zeitschrift *National Geographic* veröffentlichten Beitrag ging es um Röhrenaale. Die Warmwasserverwandten der Meeraale sind extrem scheu und verschwinden sofort in ihren namengebenden Sandröhren, wenn sie nur die geringste Störung wittern. Der Fotograf platzierte sein auf einer Platte ruhendes und mit einem Kugelkopf ausgestattetes Unterwassergehäuse knapp innerhalb der Kolonie und versteckte sich hinter den Überresten eines Schiffswracks. Von dort aus konnte er den Auslöser über ein zwölf Meter langes Verlängerungskabel bedienen. Es dauerte mehrere Stunden, bevor sich die Aale wieder aus ihren Röhren trauten, um vorbeitreibendes Plankton zu fressen. Nach und nach perfektionierte er sein System und ließ dabei jedes Mal einen Gegenstand an der Stelle zurück, an der er die Kamera platziert hatte, damit die Aale nicht erschraken, wenn das Gerät plötzlich wieder da war. Einige Tage später – inzwischen kannte David die Tagesrhythmen der Tiere und den Lichteinfall – entstanden allmählich die Fotos, die er sich vorgestellt hatte. Und als ein kleiner Lippfisch einen schlanken Flötenfisch durch die sanft in der Strömung schwankenden Aale führte, hatte er SEIN Bild.

Nikon D3, Nikon-Objektiv 17–35mm f2,8 bei 19mm; 1/40 Sek. bei Blende 14; ISO 400; Seacam-Unterwassergehäuse; Aluminiumplatte und Kugelkopf; Fernauslöser; Sea-&-Sea-YS250-Blitzgeräte (auf halber Leistung).

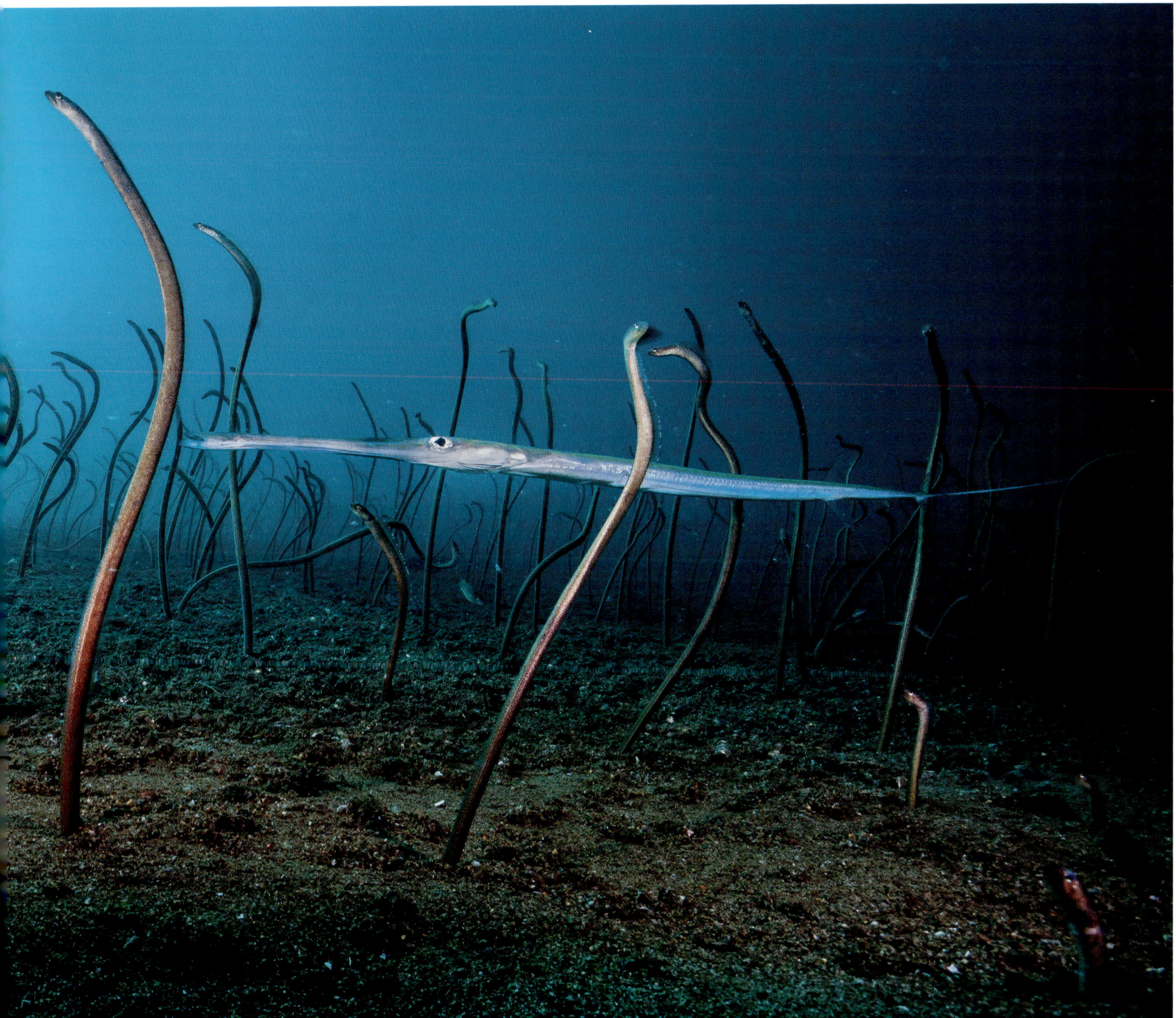

Ätherische Schönheit

Angel Fitor

SPANIEN

Eine zarte, durchsichtige Rippenqualle breitet ihre glasartigen »Segel« aus, um die mediterranen Strömungen nach Nahrung zu durchkämmen. Die Art wird häufig vor der Küste Spaniens gesichtet, meist aber mit gefalteten oder durch Wellen, Sedimente oder Raubfische beschädigten »Segeln«. Auf diese unversehrte Rippenqualle stieß Angel bei einem Tauchgang elf Kilometer vor der Küste von Alicante, als er sehen wollte, was ein ungewöhnlich starker Zustrom an Oberflächenwasser vom Atlantik mit sich geführt hatte. Dieses Exemplar war mit einem Durchmesser von rund 25 Zentimetern im Vergleich zu den anderen 100 bis 150 bekannten Rippenquallenarten auch noch relativ groß. Die scheinbar blaue Farbgebung der Qualle kommt durch die Reflexion des Lichts von oben zustande, die schillernden »Rippen«, die den zylinderförmigen Körper säumen, sind eigentlich in mehreren Reihen angelegte, miteinander verschmolzene Zilien. Auf dem Foto erkennbar sind zwei der insgesamt acht Zilienreihen der Qualle, die sich synchron wie winzige Ruder bewegen und dabei das Licht zerstreuen. Ihre Beute fängt die Qualle mit ihren »Segeln« und ihren fadenähnlichen Tentakeln, die unten im Bild knapp erkennbar sind und bei Berührung mithilfe bestimmter Zellen, der Colloblasten oder Lasso-Zellen, eine klebrige Substanz verspritzen. Darüber hinaus reagieren die Nesseltiere aber auch überaus sensibel auf Bewegungen. »Bei der geringsten Erschütterung faltete sie ihre empfindlichen Segel zusammen«, erzählt Angel, der sich deshalb sehr langsam und vorsichtig nähern musste. Schließlich aber gelang es ihm, den faszinierenden Umriss der Qualle von oben im Bild einzufangen.

Nikon D800, Sigma-Objektiv 20mm f1,8; 1/250 Sek. bei Blende 16; ISO 50; Nexus-Unterwassergehäuse; zwei Retra-Blitzgeräte.

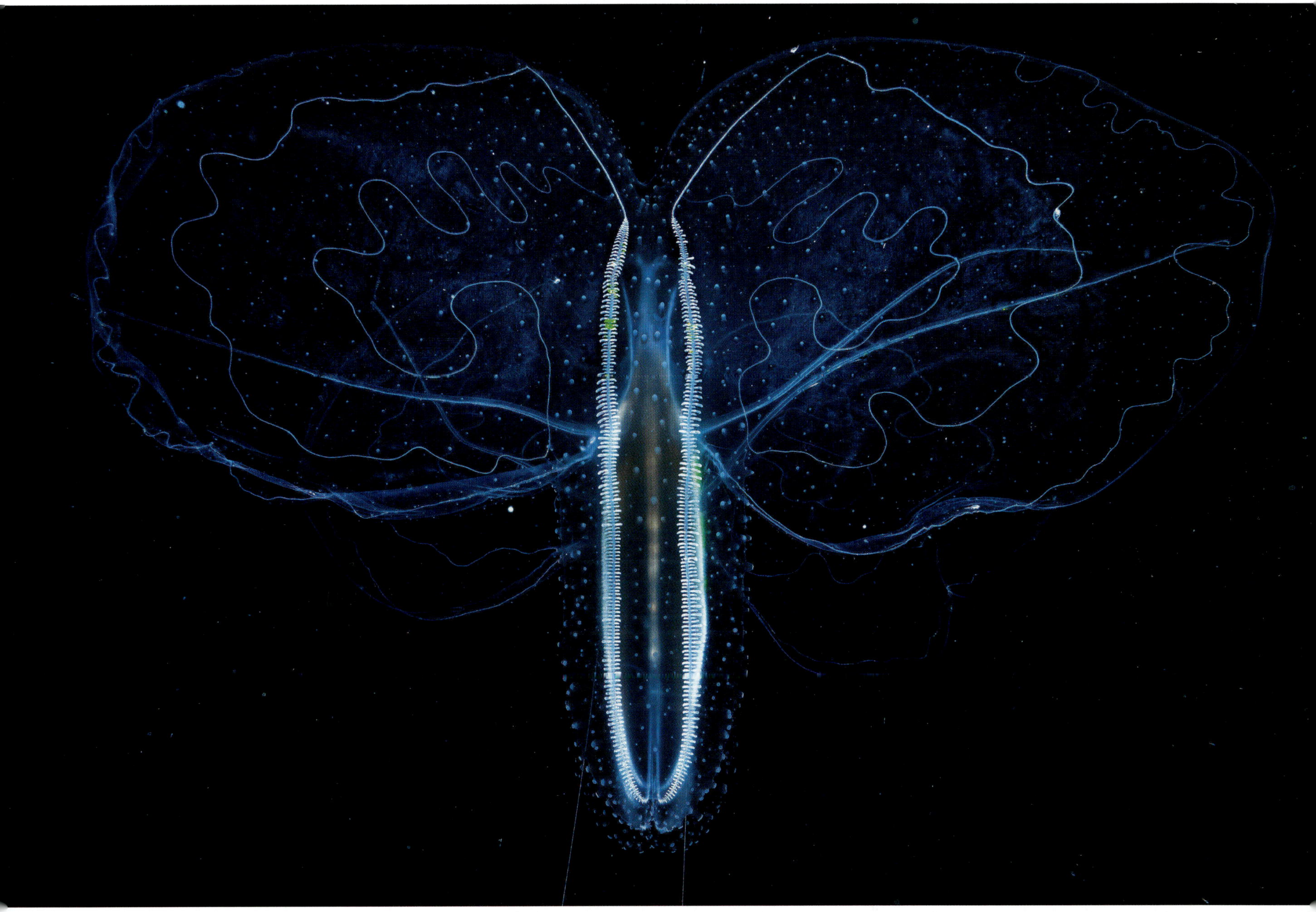

Nächtlicher Reiter

Wayne Jones

AUSTRALIEN

Ein jugendliches Geflügeltes Papierboot, dessen durchsichtiger Körper nur etwa einen Zentimeter lang ist, nutzt eine kleine Qualle der Gattung *Turritopsis* in der Janao Bay in der Nähe von Anilao auf den Philippinen als Mitfahrgelegenheit. Abgesehen vom bequemen Transport und der für die Plankton-Nahrungssuche strategisch äußerst günstigen Position profitiert der Tramper, eine Tintenfischart, wahrscheinlich von den Nesselzellen seines Gefährts (im Bild nicht ausgebreitet), die ihn vor Beutegreifern schützen. Möglicherweise steuert der Tintenfisch die Qualle sogar. Bei dem Papierboot handelt sich um ein männliches Tier, ein Weibchen wäre mindestens zehn Mal so groß und würde sich auch anders verhalten. Weibliche Papierboote sondern eine hauchdünne Eikapsel ab, die in ihrer Form an das Gehäuse einer Meeresschnecke erinnert und nicht nur als schwimmendes Zuhause, sondern gleichzeitig auch als Brutkammer fungiert. Die geschlechtsreifen Männchen sind mit einem speziellen Arm ausgestattet, in dem sich das Sperma befindet und der in einer Ausstülpung unter dem riesigen Auge angesiedelt ist. Bei der Paarung bricht dieser Arm ab und dringt in das Weibchen ein, um dort die Eier zu befruchten. Wayne traf bei einem abenteuerlichen nächtlichen Tauchgang auf den Tintenfisch und sein Quallenvehikel. Der Fotograf lockte Plankton aus den Tiefen des Meeres zu einer speziellen Lichtvorrichtung – einem 30 Meter langen, an einer Boje befestigten Seil, an dem in regelmäßigen Abständen Lichter angebracht waren. Dann fotografierte er die größeren Tiere, die sich dort einfanden, um das Plankton zu fressen. Mit einem Suchscheinwerfer spürte Wayne mehrere kleine Quallen mit Mitfahrern auf, doch das Neongrün der Tentakeln dieser Qualle zog ihn besonders in seinen Bann. Er fotografierte das »magische Paar« etwa fünf Minuten lang, bevor es wieder in der pechschwarzen Dunkelheit verschwand.

Canon EOS-5D Mark IV, Sigma-Macro-Art-Objektiv 70mm f2,8; 1/200 Sek. bei Blende 16; ISO 400; Nauticam-Unterwassergehäuse; zwei Retra-UWT-Blitzgeräte, zwei Scubalamp-RD90-Suchscheinwerfer, zwei Weefine-Smart-Focus-3000-Leuchten, vier Scubalamp-V6K-Pro-Videoleuchten, zwei Weefine-Solar-Flare-Max-Videoleuchten und zwei Divepro-G18-Plus-Videoleuchten.

Seltsames Paar

Fabien Michenet

FRANKREICH

Eine junge Stachelmakrele versteckt sich im Inneren einer kleinen Qualle. Da es im offenen Meer vor Tahiti in Französisch-Polynesien kaum andere Verstecke gibt und der Fisch wahrscheinlich immun gegen das Gift der Nesselzellen ist, hat er sich den Schirm der Qualle als nächtliche Schutz- und Reisemöglichkeit ausgesucht. »In Hunderten von Tauchgängen«, erzählt Fabien, »habe ich den einen niemals ohne den anderen gesehen.« Ob auch die Qualle von der Beziehung profitiert und warum diese auseinanderbricht, wenn das Wasser versauert, weiß man nicht. Tauchgänge im offenen Meer, in 20 Metern Tiefe und bei Nacht, sind Fabiens Spezialität. Im Schutz der Dunkelheit steigt Zooplankton aus der Tiefsee auf, um sich an Phytoplankton zu laben, das Sonnenlicht braucht und deshalb an der Wasseroberfläche zu finden ist. Andere Beutegreifer wiederum folgen dem Zooplankton. Fabien ließ sich mit der Qualle und ihrem Gast treiben und fügte die Elemente seiner Komposition genau im richtigen Moment zusammen.

Nikon D810, Nikon-Objektiv 60mm f2,8; 1/320 Sek. bei Blende 22; ISO 64; Nauticam-Unterwassergehäuse; Inon-Z-240-Blitzgeräte.

Leuchtspuren in der Tiefe

Songda Cai

CHINA

Bei einem nächtlichen Tauchgang in der Tiefsee vor der Küste der philippinischen Insel Luzon strahlte Songdas Lampe plötzlich eine junge Fadenmakrele an. Ausgewachsene und damit bis zu anderthalb Meter lange Fadenmakrelen jagen in warmen Küstengewässern, jüngere Tiere aber lassen sich gern im offenen Wasser treiben. In diesem frühen Entwicklungsstadium sind Rücken- und Afterflossen mit langen Fäden besetzt, die in der Strömung wie die Tentakel einer Qualle wirken und so wahrscheinlich zur Abschreckung zumindest einiger Fressfeinde dienen. Der Fotograf war absolut fasziniert von den eleganten Fäden und ließ sich einige Minuten neben dem etwa 20 Zentimeter großen Fisch her treiben. Mithilfe einer langen Verschlusszeit und eines Blitzgeräts fing er die blau leuchtenden Bewegungsspuren eines Drittels der extravaganten Fäden ein, bevor die Fadenmakrele mit einem Zucken des Schwanzes verschwand.

Nikon D850, Nikon-Objektiv 60mm f2,8; 0,5 Sek. bei Blende 29; ISO 160; Seacam-Unterwassergehäuse; zwei Seacam-Seaflash-150D-Blitzgeräte und ein Scubalamp-Blitzgerät.

Balztanz der Rochen

Duncan Murrell

GROSSBRITANNIEN

Es ist nicht einfach, beim Naturschauspiel des Balzverhaltens von Teufelsrochen einen Platz in der ersten Reihe zu ergattern. In den mehr als zehn Jahren, in denen Duncan in der Honda Bay in der philippinischen Inselprovinz Palawan fotografierte, hatte er die riesigen Fische – Teufelsrochen erreichen eine Spannweite von bis zu 3,10 Meter – zwar hin und wieder gesehen, jedoch nur ein einziges Mal aus der Nähe, als sich die Tiere gerade an einem Krillschwarm gütlich taten. Jetzt aber hatten die Giganten nur eines im Kopf und beachteten ihn gar nicht, als er über ihnen an der Wasseroberfläche schnorchelte. Einer der Rochen (links im Bild) wurde von zwei Artgenossen in einer wild wirbelnden Jagd verfolgt. Den Bissspuren unter den Flossen nach zu urteilen handelte es sich um ein Weibchen. Nur eine Sekunde lang trafen die drei vor Duncans Linse zusammen. Das weiche natürliche Licht verlieh dem Tableau einen beinahe malerischen Charakter, der ausgezeichnet zur atemberaubenden Eleganz der Fische passte. Nach der Paarung bringt das Weibchen nur ein Jungtier zur Welt. Diese niedrige Geburtenrate sowie die späte Geschlechtsreife der Tiere und die Angewohnheit, sich in Schulen zusammenzuschließen, machen die Rochen besonders anfällig für Überfischung. Darüber hinaus sorgt eine in jüngerer Zeit wachsende Nachfrage nach den Tieren in der Traditionellen Chinesischen Medizin für besorgniserregend abnehmende Populationen.

Canon EOS-6D, Canon-Fischaugenobjektiv 15mm f2,8; 1/200 Sek. bei Blende 7,1; ISO 500; Inon-X-2-Unterwassergehäuse.

Natur in Schwarz-Weiß

SIEGER

Vom Schnee verweht

Max Waugh

USA

Im Yellowstone-Nationalpark trotzt ein einsamer Amerikanischer Bison dem lautlosen winterlichen Schneesturm. Von seinem Auto aus konnte Max die Gestalt des mächtigen Tiers am Hang kaum erkennen. In den äußerst strengen Wintermonaten ernähren sich die Bisons im Yellowstone von Gräsern und Seggen, die zu dieser Zeit des Jahres tief unter dem Schnee begraben liegen. Sie schwingen mithilfe ihrer kräftigen Nackenmuskulatur, die als charakteristischer Buckel sichtbar ist, ihren gewaltigen Kopf hin und her und schieben so den Schnee beiseite, um an die Nahrung darunter heranzukommen. Max entschloss sich für eine lange Verschlusszeit – der Schneefall sollte verwischt aussehen und »einen Vorhang aus Linien auf den Umriss des Bisons zeichnen« – und schuf damit ein beinahe abstraktes Bild. Dieses vereint die Reglosigkeit des Tiers mit der Dynamik des Schnees. Die leichte Überbelichtung verstärkt den die Kontraste verwischenden Whiteout-Effekt noch, die Umwandlung in ein Schwarz-Weiß-Foto hebt die Schlichtheit der Szene besonders hervor.

Canon EOS-1D X, Canon-Objektiv 100–400mm f5,6 bei 200mm; 1/15 Sek. bei Blende 22 (+1 e/v); ISO 100.

Gewöhnliche Waldrebe und Gemeiner Weberknecht

Bernd Liedtke

DEUTSCHLAND

Als Bernd Liedtke im Spätherbst in der Nähe seines Hauses im Westen Deutschlands nach interessanten Fruchtständen als Fotomotiv suchte, traf er auf zwei Weberknechte, die an den dünnen Stängeln einer Gewöhnlichen Waldrebe emporklommen. Als sie die Fruchtstände der Pflanze erreicht hatten, fiel Bernd plötzlich auf, dass die langen Beine der Tiere von den zarten Fruchtstandsträngen der Waldrebe kaum zu unterscheiden waren. Weberknechte werden oft mit Spinnen verwechselt, bilden aber innerhalb der Klasse der Spinnentiere eine weltweit vertretene eigene Ordnung mit über 6600 verschiedenen Arten. Trotz der beiden mittig auf dem kleinen Körper angeordneten Augen können Weberknechte keine Bilder sehen; stattdessen ertasten sie ihre Umgebung mit den empfindlichen Spitzen ihres verlängerten zweiten Beinpaares, das sie wie Fühler benutzen. Bernd fotografierte das Gewirr aus Beinen und Fruchtständen vor dem Hintergrund des bedeckten Himmels, weshalb in seiner Komposition nur schwer zu erkennen ist, wo die Insekten aufhören und die Pflanzen anfangen. Zu diesem Vexierspiel trägt die Umwandlung des Bildes in Schwarz-Weiß noch bei.

Nikon D4S, Nikon-Objektiv 105mm f2,8; 1/25 Sek. bei Blende 16; ISO 1600; Gitzo-Stativ.

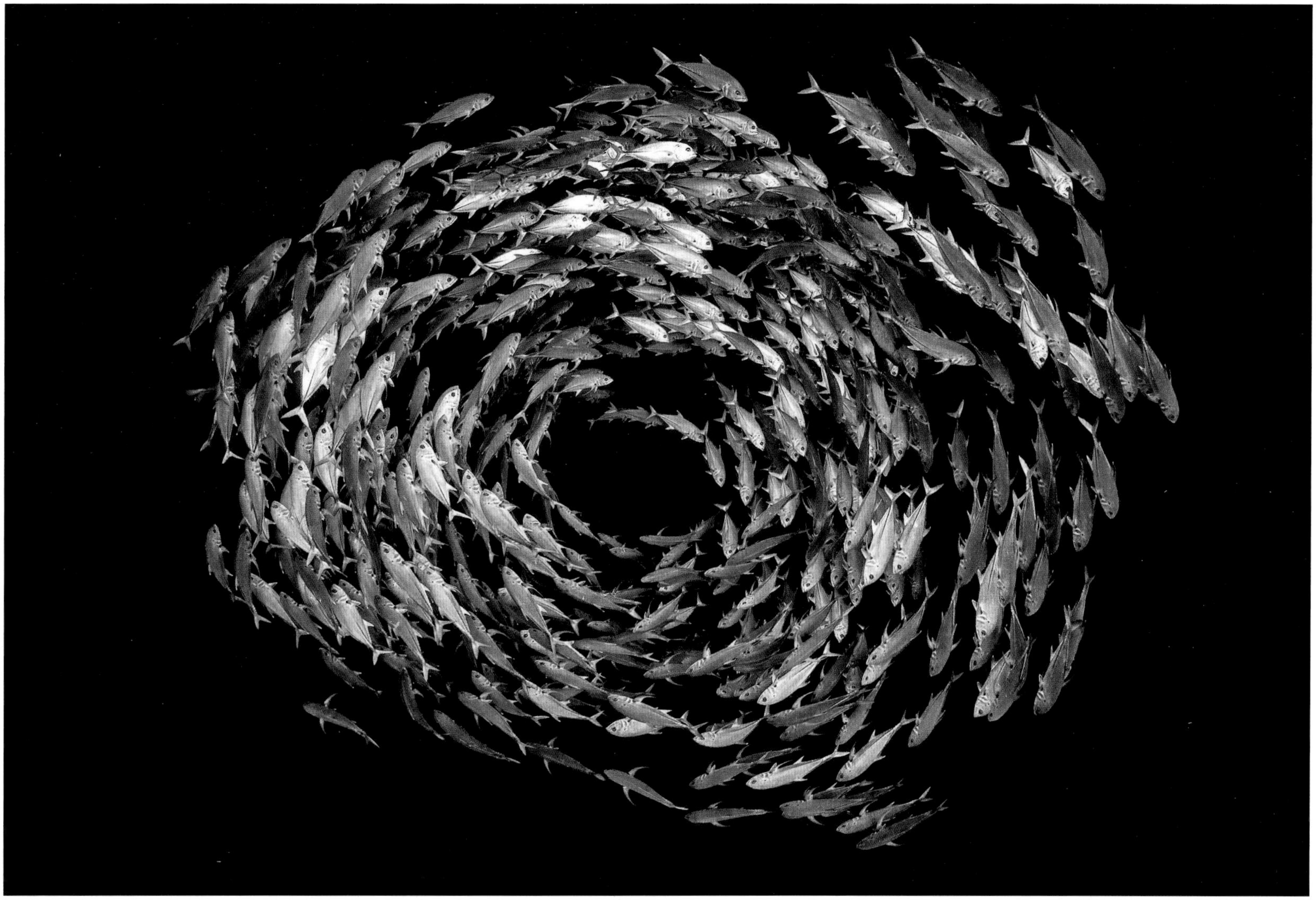

Kreislauf des Lebens

Alex Mustard

GROSSBRITANNIEN

In den klaren Gewässern des Roten Meeres schwimmt ein Schwarm Großaugen-Stachelmakrelen kreisförmig 25 Meter am Rand eines Riffs in die Tiefe. Seit 20 Jahren bereist Alex den Ras Mohammed Nationalpark an der Spitze der ägyptischen Sinai-Halbinsel, um die im Sommer laichenden Ansammlungen der Riff-Fische zu fotografieren. »Mich zieht es immer wieder hierher, weil ich jedes Mal etwas Neues entdecke«, erklärt Alex. Dieses Mal war es die beeindruckende Anzahl von Großaugen-Stachelmakrelen. Das Im-Kreis-Schwimmen ist ein Werbeverhalten, das der Paarbildung vorausgeht; darüber hinaus hält es aber auch Fressfeinde ab. Laichansammlungen wie diese sind ideale Gelegenheiten für den Fischfang, doch der ist verboten, seit der Nationalpark zum Meeresschutzgebiet erklärt wurde. Mit seinem 130-Grad-Winkel-Objektiv fing Alex den gesamten Schwarm vor dem Hintergrund des tiefblauen Wassers darunter ein, während die schillernden Fische das Licht der Sonne und seiner Blitzgeräte reflektierten.

Nikon D850, Nikon-Objektiv 28–70mm f3,5–4,5 bei 31mm und Nauticam-Weitwinkel-Conversion-Port; 1/60 Sek. bei Blende 11; ISO 500; Subal-Unterwassergehäuse; zwei Seacam-Seaflash-150D-Blitzgeräte.

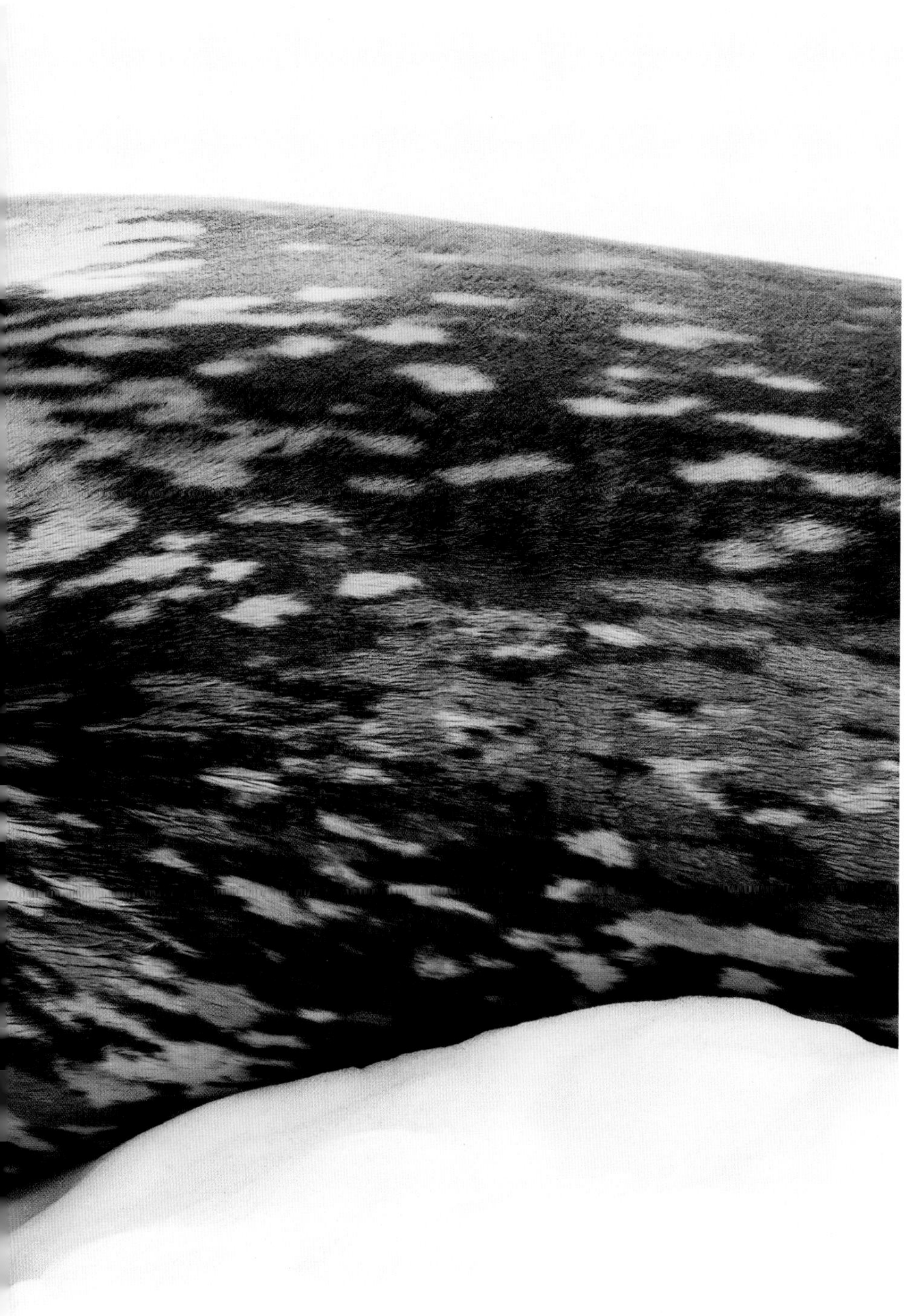

Süße Ruh

Ralf Schneider

DEUTSCHLAND

Die Weddellrobbe kreuzte die Flossen vor ihrem Körper, schloss die Augen und schien in einen tiefen Schlaf zu fallen. Auf dem Festeis – Meereis, das fest an der Küstenlinie verankert ist – vor dem Naturhafen Larsen Harbour in Südgeorgien war die Robbe vor ihren Fressfeinden relativ sicher. Unbehelligt von Schwertwalen und Seeleoparden konnte sie sich völlig entspannen und in Ruhe verdauen. Weddellrobben pflanzen sich von allen Säugetieren der Welt am weitesten südlich fort und bevölkern küstennahe Habitate um ganz Antarktika. Sie erreichen eine Körperlänge von bis zu dreieinhalb Metern – wobei die Weibchen etwas größer werden als die Männchen – und sind durch eine dicke Fettschicht vor der extremen Kälte über und in den eisigen Gewässern des Südpolarmeeres geschützt. Ihre Hauptnahrungsquelle sind große Fische: Weddellrobben können über 500 Meter tief tauchen, da ihre Muskeln große Reserven an Myoglobin, ein sauerstoffbindendes Protein, enthalten. Dadurch sind die Tiere in der Lage, längere Zeiträume unter Wasser zu jagen, manchmal sogar länger als eine Stunde. Ralf Schneider konnte die schlafende Robbe von einem Schlauchboot aus bildfüllend fotografieren. Der weiße Eishintergrund sowie das weiche Licht des bedeckten Himmels trugen dazu bei, das Foto wie ein im Studio aufgenommenes Porträt wirken zu lassen. Durch die Umwandlung in Schwarz-Weiß werden die Schattierungen und Strukturen des dicht gefleckten Robbenfells besonders hervorgehoben.

Canon EOS-7D Mark II, Canon-Objektiv 100–400mm f4,5–5,6 bei 400mm; 1/500 Sek. bei Blende 8; ISO 400.

Tierporträts

SIEGER

Täuschend echt

Ripan Biswas

INDIEN

Sie mag ja wie eine Ameise aussehen, doch wenn man ihre Beine zählt und die Kieferfühler (oder Cheliceren) beidseits der gefalteten Fänge bemerkt, ergibt sich ein anderes Bild. Ripan Biswas war gerade damit beschäftigt, im subtropischen Regenwald der indischen Buxa Tiger Reserve in Westbengalen eine Kolonie Roter Weberameisen zu fotografieren, als ihm dieses seltsame Exemplar auffiel. Bei genauerem Hinsehen stellte er fest, dass es sich dabei um eine winzige, nur fünf Millimeter lange Krabbenspinne handelte, die das Aussehen von Ameisen imitierte. Viele Spinnenarten ahmen Ameisen nach – im Aussehen, im Verhalten und sogar im Geruch. Sich derart getarnt in eine Ameisen-Kolonie einzuschleusen verhilft ameisenfressenden Spinnen zu üppigen Mahlzeiten, verhindert aber auch, dass die Spinne selbst gefressen wird, entweder von Ameisen oder von Beutegreifern, die Ameisen nicht mögen. Die Spinne auf dem Bild war wahrscheinlich auf der Jagd. Ripan benutzte sein umgekehrt angesetztes Objektiv als Makroobjektiv, um diese extreme Nahaufnahme zu machen. Da so aber auch die elektrische Verbindung zwischen Objektiv und Kamera verloren ging, musste er alle Einstellungen von Hand vornehmen. Speziell die Scharfeinstellung war knifflig, da der Sucher dunkel wurde, als Ripan die Blende enger stellte, um die größtmögliche Tiefenschärfe herauszuholen. Das Objektiv war bei diesem Bild der winzigen Spinne so nah, dass diese anscheinend ihr eigenes Spiegelbild sehen konnte und warnend ihre Beine aufstellte.

Nikon D500, Nikon-Objektiv 18–55mm (umgekehrt angesetzt); 1/160 Sek.; ISO 200; Godox-V860II-Blitzlicht.

Porträt einer Mutter

Ingo Arndt

DEUTSCHLAND

»Es ist immer aufregend, wenn man sich einem wilden Puma gegenübersieht«, gesteht Ingo Arndt. Mehr als sieben Monate lang und über einen Zeitraum von zweieinhalb Jahren hinweg durchstreifte der Fotograf auf der Suche nach den Großkatzen die Region Torres del Paine im chilenischen Patagonien. Die scheuen Tiere beanspruchen ausgedehnte Reviere und bedienen sich nur selten regelmäßiger Rast- oder Jagdplätze. Ihnen zu Fuß zu folgen bedeutete, die schwere Ausrüstung über große Entfernungen zu schleppen, und das häufig bei Minustemperaturen und einem erbarmungslosen Wind. Ingo hielt immer einen Sicherheitsabstand ein und achtete darauf, die Tiere nicht zu stören, um ihr natürliches Verhalten möglichst naturgetreu ablichten zu können. Durch gegenseitigen Respekt gewann er allmählich das Vertrauen dieses Pumaweibchens und seiner Jungen. Als sich die kleine Gruppe an dem vor Kurzem erbeuteten Guanako satt gefressen hatten, legte sich die Pumamutter auf einen Hügel in der Nähe, um nach anderen Pumas Ausschau zu halten. Diese können ihrer Familie gefährlich werden oder ihr die Beute streitig machen. Kurz darauf folgten ihr die Jungen und begannen zu spielen. Mit ihren fünf Monaten sind sie bald schon selbst in der Lage, kleinere Beutetiere zu jagen, doch bleibt der Nachwuchs insgesamt mindestens anderthalb Jahre bei der Mutter. Ingos Geduld wurde mit diesem innigen Porträt belohnt, das die Eleganz des Pumaweibchens ebenso zum Ausdruck bringt wie seine stetige Wachsamkeit.

Canon EOS-1D X Mark II, Canon-Objektiv 600mm f4 und 1,4x-Extender; 1/1500 Sek. bei Blende 5,6; ISO 1000; Gitzo-Stativ.

Bildnis einer giftigen Dame

Javier Aznar González de Rueda

SPANIEN

Javier ging in die Hocke, berührte den Eingang des Baus vorsichtig mit einem Grashalm – und plötzlich starrten ihn acht glänzende schwarze Augen an. Sie gehörten einer Spanischen Tarantel. Ihr Furcht einflößendes Aussehen und ihre Behaarung täuschen auf dem Bild darüber hinweg, dass sie tatsächlich relativ klein und im Gegensatz zu ihren berühmten Namensvettern zudem ein Mitglied der Wolfsspinnenfamilie ist. Ein Kollege von Javier hatte die charakteristische Höhle der Spinne in den Bergen nahe Murcia im Südosten Spaniens entdeckt, eingerahmt von Zweigen und totem Gras, das von Seidenfäden durchwirkt ist. Die Erschütterungen am Eingang des Baus dringen über die Seidenstränge zu der Spinne vor, die daraufhin herausschnellt, um ahnungslose Passanten – vornehmlich Insekten und Asseln – zu erbeuten. Ihre Körperlänge misst nur 25 bis 30 Millimeter, doch besitzt sie beeindruckende Kiefer mit gebogenen schwarzen Fängen und rötlich gelben Kieferfühlern (oder Cheliceren). Erstere benutzt die Spinne, um ihrer Beute Gift zu injizieren. Dank der Anordnung der Augen kann sie Entfernungen berechnen: Vier kleinere Sehorgane liegen in einer Reihe, ein größeres Paar befindet sich oben auf dem Kopf und je ein weiteres Auge liegt seitlich am Kopf. Mit ihrer gefleckten Farbgebung ist die Spinne perfekt im Laub getarnt, doch bleibt sie tagsüber meist im Bau und verlässt ihn nur nachts zum Jagen. Die Spinne tauchte gerade so lange am Eingang auf, dass Javier sie in diesem schaurigschönen Porträt festhalten konnte.

Sony α7R III, Sony-Objektiv 90mm f2,8; 1/160 Sek. bei Blende 13; ISO 125; zwei Meike-Blitzlichter.

Tiere in ihrem Lebensraum

SIEGER

Nomaden des Schneeplateaus

Shangzhen Fan

CHINA

Eine kleine Herde männlicher Tschirus hinterlässt ihre Hufabdrücke auf einem schneebedeckten Hang in der Kumukuli-Wüste im chinesischen Altun Shan National Nature Reserve. Die behänden Antilopen, die auch Tibetantilopen oder Orongos genannt werden und von denen nur die Männchen lange, schlanke, schwarze Hörner tragen, sind Höhenspezialisten, die nur auf der Qinghai-Tibet-Hochebene vorkommen. Um in Höhen von bis zu 5500 Metern überleben zu können, wo die Temperatur nicht selten auf –40 °C sinkt, besitzen die Tiere ein einzigartiges Unterfell, das sogenannte Shahtoosh – persisch für »Königswolle« –, das sehr leicht, sehr warm und der Hauptgrund für den drastischen Rückgang der Antilopenart ist. Einst streiften auf dem riesigen Plateau eine Million Tschirus umher, nach der kommerziellen Bejagung in den 1980- und 1990er-Jahren gab es nur noch rund 70 000 Individuen. Rigorose Schutzmaßnahmen haben inzwischen wieder zu einem minimalen Anstieg der Population geführt, doch ist die Nachfrage nach Shahtoosh-Schals insbesondere im Westen immer noch zu hoch. Für einen einzigen Schal braucht man drei bis fünf Häute; weil man die wild lebenden Antilopen nicht scheren kann, werden die Tiere getötet. Im Winter ziehen viele Tschirus in die relative Wärme der abgelegenen Kumukuli-Wüste; jahrelang hat Shangzhen die beschwerliche Reise auf sich genommen, um das Leben der Antilopen dort zu dokumentieren. An diesem Tag war die Luft nach heftigem Schneefall frisch und klar. Die sanft gewellten Hänge warfen Schatten um eine Insel von warmem Sand, zu der die Tiere strebten und dabei das Zopfmuster ihrer Hufabdrücke in den Schnee zeichneten. Von seinem Aussichtspunkt in rund einem Kilometer Entfernung aus hielt Shangzhen die kontrastierenden Elemente fest, bevor die Spuren in der Wärme der Sonne und des Sandes verschwanden.

Nikon D5, Nikon-Objektiv 600mm f4; 1/1250 Sek. bei Blende 6,3 (+0,3 e/v); ISO 125; Gitzo-GT5532S-6X-Stativ.

Wildesel in der Wildnis

Shangzhen Fan

CHINA

Nach heftigen Niederschlägen lag die Kumukuli-Wüste im chinesischen Altun Shan National Nature Reserve am Rand der Qinghai-Tibet-Hochebene unter einer Schneedecke. Bei Anbruch des Tages begann der Schnee stellenweise zu schmelzen, und so machte sich eine kleine Gruppe Kiangs auf die Suche nach nahrhaftem Gras. Die großen Wildesel mit ihrem rötlich braunen Fell, das im Winter dunkler und dicker ist, kommen ausschließlich auf dem Plateau oder in der umliegenden Gegend vor und ziehen, wenn der Winter naht, größtenteils ins mildere Wüstenhinterland. In ihrem Verbreitungsgebiet, das Teile von Nepal, Pakistan und Indien umfasst, haben die Populationen der Tiere abgenommen und sind mittlerweile stark fragmentiert. Das ist nicht zuletzt aufgrund von Konflikten mit dem Menschen und seinem Vieh zurückzuführen, wie etwa die Einzäunung von Weideland, den Bergbau und die Jagd. Eine ebenfalls große Bedrohung stellt die globale Erwärmung dar: Die Temperaturen auf der Qinghai-Tibet-Hochebene steigen drei Mal so rasch an wie im weltweiten Durchschnitt. Um zum Refugium der Kiangs zu gelangen, musste Shangzhen seine schwere Ausrüstung auf 4300 Metern Höhe durch eine unwirtliche Landschaft schleppen. »Jede Bewegung fiel schwer«, erinnert er sich. An diesem Morgen verdunkelten Wolken den Himmel, und auf die Berge in der Ferne fiel noch immer Schnee. Für einen kurzen Moment nur erhellten Sonnenstrahlen die Kräuselungen der Wüste und hoben die warmen Farben der Kiangs in ihrer kalten, rauen Umgebung hervor.

Nikon D3X, Nikon-Objektiv 600mm f4;
1/500 Sek. bei Blende 11 (–0,7 e/v); ISO 160;
Gitzo-GT5532S-6X-Stativ.

Kleine Hüpfer

Stefano Unterthiner

ITALIEN

Zwei winzige Koboldmakis tauchen in der Abenddämmerung aus ihrem tagsüber genutzten Schlafplatz im Gewirr der Birkenfeigenwurzeln auf. Sie sondieren den Wald mit ihren Augen, die wie Untertassen aussehen. Die Primaten gehören der Art *Tarsius spectrumgurskyae* an, die erst seit 2017 als eigenständige Spezies geführt wird und an ihren einzigartigen Rufen erkennbar ist. Das Vorkommen der Koboldmaki-Art ist auf den Norden der indonesischen Insel Sulawesi beschränkt. Die nachtaktiven Tiere sind im Gegensatz zu den meisten anderen Primaten reine Fleischfresser und können ihre Beute – überwiegend Insekten – mithilfe ihrer großen Augen, der abstehenden Ohren und der Fähigkeit, den Kopf in beide Richtungen um 180 Grad zu drehen, punktgenau lokalisieren. Sobald sie ihr Opfer aufgespürt haben, springen sie blitzschnell darauf zu und fangen es mit ihren langen, schlanken Fingern. Bedroht wird die Art nicht nur durch die Abholzung des Waldes, sondern auch durch den illegalen Tierhandel: So werden ihnen ihr niedliches Aussehen und die geringe Größe – die Koboldmakis werden kaum 15 Zentimeter groß – zum Verhängnis. Bei seiner Arbeit im Schutzgebiet Tangkoko Duasaudara erfuhr Stefano Unterthiner viel über die Gewohnheiten einer sechsköpfigen Koboldmaki-Familie. Er hielt an ihrem Lieblingsversteck Wache, montierte seine Kamera auf einem Stativ – wobei er nur ahnen konnte, wo die Tiere auftauchen würden – und wartete auf den Einbruch der Nacht. Als es allmählich dunkel wurde, beleuchtete er die Stelle sanft mit einer LED-Taschenlampe, um ein blendendes Blitzlicht zu vermeiden. Er hatte nur ein paar Minuten, um sein Foto zu schießen, denn dann sprangen die Makis auf der Suche nach Nahrung in die Dunkelheit davon.

Nikon D5, Nikon-Objektiv 16–35mm f4 bei 27mm; 1/3 Sek. bei Blende 6,3; ISO 1250; Gitzo-Stativ; LED-Taschenlampe (geringe Leistung).

Nächtlicher Polarhase

Antti Haataja

FINNLAND

In der Stille des gefrorenen Waldes hält ein Schneehase inne, um zu lauschen. Dank seines Winterfells ist er im Schnee nur durch die dunklen Ohrenspitzen zu sehen. Schneehasen sind fast überall im Hochland Finnlands verbreitet – diesen hier spürte Antti Haataja im Pallas-Yllästunturi-Nationalpark in Lappland auf – doch im Winter ist das Leben für die Tiere nicht leicht. Da der Boden monatelang unter einer dicken Schneedecke begraben liegt, müssen sich die Hasen mit den nährstoffarmen Zweigen und der Rinde der Moor-Birke begnügen. Antti glitt auf Skiern über den Schnee und wusste sofort, dass im Wald ideale Fotobedingungen herrschten. Der Wind war schwach, die Temperatur betrug –20 °C, die Luft war trocken, d. h. frei von Eiskristallen. Und jetzt, zur »blauen Stunde« der Polarnacht – die Sonne stand knapp unter dem Horizont –, tauchte Umgebungslicht die Landschaft in ein geradezu unheimliches Blau. Antti hatte vor seinem Ausflug in den Norden alles genauestens geplant: Ort, Zeit, Wetter und Lichtbedingungen – alles stimmte. Nicht planbar war allerdings der Auftritt des Schneehasen. Antti wählte die unter ihrer Schneelast gebeugten Zweige und Äste als Rahmen für das Tier und fing die scheue Kreatur in »der Magie des Winterwaldes und der Polarnacht« ein.

Nikon D800E, Nikon-Objektiv 24–70mm f2,8 bei 56mm; 1/40 Sek. bei Blende 11; ISO 1600.

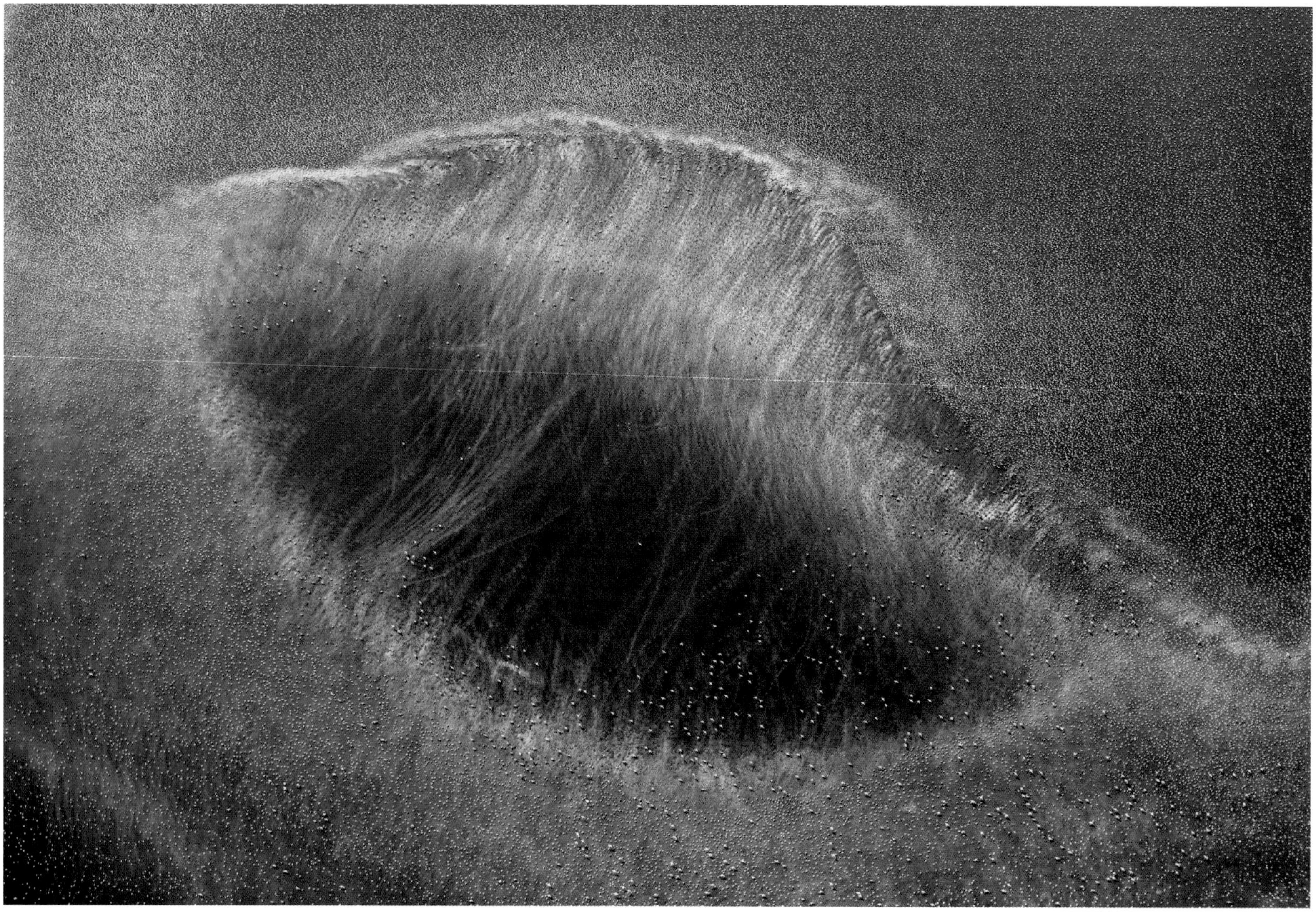

Der See der Million Vögel

Paul Mckenzie

IRLAND

Viele von Kenias Natronseen im Großen Afrikanischen Grabenbruch sind für die riesigen Ansammlungen von Zwerg- und Rosaflamingos berühmt. Doch seit Kurzem steigt der Wasserspiegel dort – möglicherweise die Folge von schweren Regenfällen oder Veränderungen beim Abfluss des Wassers, der Abholzung der Wälder oder sich verengender Bruchlinien –, was zur sinkenden Alkalinität der Seen sowie zur Abnahme der Blaualgen (Cyanobakterien) führt, der Hauptnahrungsquelle der Zwergflamingos. Deshalb sind über eine Million der Langstreckenflieger nach Norden gezogen, hier an den Lake Logipi. Und Paul, der schon seit mehr als zehn Jahren Flamingos fotografiert, folgte ihnen. Er flog in einem Leichtflugzeug in großer Höhe über den See hinweg, um die Tiere nicht zu stören, und fotografierte zur offenen Tür hinaus. Bei diesem Bild konzentrierte er sich auf eine nach Nahrung suchende Gruppe von über 100 000 Flamingos, wählte eine kurze Verschlusszeit, um die Luftturbulenzen auszugleichen, und fing so das Muster sowohl der rosafarbenen »Natronvögel« als auch ihrer Spuren im Schlick ein.

Canon EOS-5D Mark IV, Canon-Objektiv 24–105mm f4 bei 97mm; 1/8000 Sek. bei Blende 4; ISO 250.

Eine große Herausforderung
Françoise Gervais

KANADA

Beim Erklimmen der steilen Geröllhalde machte sich der einsame Eisbär geradezu winzig aus – das von Eis und Meer abhängige Säugetier wirkte in der trockenen, kargen Landschaft mehr als fehl am Platz. Als sie ihn von ihrem Boot in der eisfreien Davisstraße aus beobachtete, war Françoise Gervais überrascht, wie wendig und flink der Eisbär war. Es war August auf der Baffininsel in der kanadischen Hocharktis, und das Meereis, das den Tieren den Zugang zu ihrer Beute, den Robben, ermöglicht, hatte sich noch nicht wieder gebildet. Die periodische Eisschmelze zwingt die gewaltigen Beutegreifer an Land, wo sie mehrere Monate lang fasten oder sich mehr oder weniger fleischlos ernähren, sei es von Seetang, Knochen, Eiern oder Küken. Doch in dieser Region der Baffinbucht schmilzt das Eis als Folge des Klimawandels im Frühjahr immer eher und gefriert im Herbst immer später, sodass die Eisbären immer mehr Zeit an Land verbringen müssen und immer weniger jagen können. Dies wiederum führt zu einer schlechteren körperlichen Verfassung der Tiere, zu einem geringeren Fortpflanzungserfolg und zu einer höheren Sterblichkeitsrate der Jungen.

Nikon D800, Nikon-Objektiv 70–300mm f4,5–5,6 bei 300mm; 1/500 Sek. bei Blende 8; ISO 1250.

Goldrichtig?

Emmanuel Rondeau

FRANKREICH

Man muss schon zweimal hinsehen, um den Jaguar in seiner Regenwaldheimat im Herzen des Naturschutzgebiets Nouragues in Französisch-Guayana zu entdecken. Die Positionierung seines Fotomotivs war jedoch keineswegs zufällig, denn Emmanuel Rondeau wollte den Jaguar als integralen Bestandteil seines Lebensraums ablichten. In enger Zusammenarbeit mit Naturschützern und Wissenschaftlern hatte er monatelang daran getüftelt, die richtigen Orte für das Aufstellen seiner Kameras ausfindig zu machen. Zu Fuß und bei heftigen Regenfällen, großer Hitze sowie erdrückender Luftfeuchtigkeit – nicht gerade Idealbedingungen für eine technische Ausrüstung – hatte er das hügelige Terrain erkundet und schließlich acht Kamerafallen an Pfaden platziert, die von den Tieren schon häufiger benutzt worden waren. Mit äußerster Sorgfalt hatte er den Bildausschnitt gewählt und die Beleuchtung geplant. Frühere Erfahrungen mit Kamerafallen für Großkatzen hatten Emmanuel gelehrt, geduldig zu sein, aber dieses Mal hatte er unglaubliches Glück: Keine 24 Stunden nach dem Aufstellen des Equipments hatte er die Aufnahme, die er wollte. Der Jaguar tauchte gegen Ende des Tages im goldenen Abendlicht auf. »Das war einfach unfassbar«, erzählt Emmanuel, »vor allem weil das Tier in den folgenden drei Monaten nur noch einmal dorthin zurückkehrte, und dann aus der falschen Richtung.« Emmanuel wollte die Aufmerksamkeit auf den wenig bekannten Regenwald Französisch-Guayanas und seine ungeheure Artenvielfalt lenken, die von Goldschürfern bedroht sind. Das illegale Schürfen nach Gold ist in der Gegend weitverbreitet, ein multinationales Konsortium versucht seit Längerem, die Genehmigung für den kommerziellen Goldabbau in einem Korridor zwischen den beiden Waldgebieten zu bekommen, die gemeinsam das Biosphärenreservat Lucifer Dékou-Dékou bilden. Wenn die Genehmigung erteilt würde, müssten dafür riesige Regenwaldflächen abgeholzt und Straßen gebaut werden. Der Wald würde von Menschen überschwemmt werden. Emmanuel betrachtet sein Bild als Symbol für die wahren Reichtümer Französisch-Guayanas und will mit ihm darauf aufmerksam machen, was auf dem Spiel steht.

Canon EOS-550D, Sigma-Objektiv 10–20mm f4–5,6 bei 13mm; 0,3 Sek. bei Blende 9 (-2 e/v); ISO 400; zwei Nikon-SB-28-Blitzlichter; Cognisys-Scout-Auslöser und Kamerakiste.

Die Höhle der Albatrosse

Thomas P. Peschak

DEUTSCHLAND/SÜDAFRIKA

Hoch oben an der Flanke des Te Tara Koi Koia, eines pyramidenförmigen Felsens im Südpazifik, befindet sich eine große Höhle, in der Chatham-Albatrosse nisten. Das Fleckchen Land, das zu den abgelegenen Chathaminseln 800 Kilometer östlich von Neuseeland gehört, ist der einzige Ort auf der Welt, an dem diese Albatrosart brütet. Als einer der sehr wenigen Fotografen, die die Erlaubnis erhielten, den Nistplatz zu besuchen, wartete Thomas vier Wochen lang auf Wetterbedingungen, die es ihm ermöglichten, per Boot auf der »Pyramide« zu landen. Anschließend musste er mit seiner schweren Ausrüstung auf dem Rücken die steile Felswand der Albatrosfestung hinaufklettern und hatte nur 24 Stunden, um die Kolonie abzulichten, denn danach hatte sich bereits der nächste Sturm angekündigt. Im Inneren der Höhle hockten die Albatrosküken in ihrem grauen Daunengefieder gemütlich auf ihren hohen Nesthügeln, die immer wieder neu errichtet werden. Die zwei Monate alten Jungvögel warten darauf, dass die Eltern ihnen Nahrung bringen – in erster Linie ausgewürgter Fisch und Tintenfisch. Es dauert nämlich noch weitere drei Monate, bis die Jungen flügge sind. Rund 5000 Brutpaare gibt es jährlich auf der »Pyramide«, sie bevölkern die steilen Hänge, die Felskanten und diese Höhle. Da sich alle Eier der Art auf einem einzigen Felsen befinden, ist die Spezies äußerst anfällig für Störungen. Als Folge des Klimawandels nehmen heftige Stürme zu. Diese tragen Vegetation und Boden ab, rauben den Vögeln damit das benötigte Nistmaterial und mindern den Bruterfolg. In den vergangenen fünf Jahren haben Naturschützer versucht, 300 Albatrosküken von der »Pyramide« auf die größte Chathaminsel umzusiedeln und so eine zweite Brutkolonie zu etablieren. Wenn die Chatham-Albatrosse flügge sind, verbringen sie fünf bis sieben Jahre auf dem Meer, bevor sie zum Brüten zurückkehren.

Nikon D5, Nikon-Objektiv 24–70mm f2,8 bei 32mm; 1/200 Sek. bei Blende 18; ISO 200; B1- und A1-Profoto-Blitzlichter.

Ein Hauch von Frieden

Charlie Hamilton James

GROSSBRITANNIEN

Bei Sonnenuntergang suchte sich ein einsamer Elefantenbulle in der Baumsavanne des Nationalparks Gorongosa in Mosambik seine Nahrung. Er schien entspannt, also beschloss Charlie, sich ihm langsam und möglichst geräuschlos zu nähern, um die friedliche Szene im Bild einzufangen. Die Elefanten hier sind unberechenbar. Ob scheu oder aggressiv – immer verhalten sie sich Menschen gegenüber äußerst misstrauisch. Der Nationalpark hat während des 15-jährigen Bürgerkriegs in Mosambik stark gelitten. Die meisten der dort lebenden Elefanten – bei der Gründung des Parks im Jahr 1960 waren es rund 2200 Individuen – wurden getötet. Mit dem Fleisch wurden die Soldaten ernährt, vom Erlös des Elfenbeins Waffen gekauft. Die Kämpfe endeten zwar 1992, doch wilderten professionelle Jäger weiter. Auch die umliegenden Gemeinden, die noch immer Hunger litten, stellten weiter Fallen auf und holzten Wälder ab. Erst 2004 schließlich wendeten sich die Dinge mit Beginn des Gorongosa Restoration Project, eines Gemeinschaftsvorhabens der Regierung von Mosambik und der in den USA ansässigen Carr Foundation, allmählich zum Besseren. Die Beteiligten wollen den Park langfristig erhalten – 2018 wurde der Vertrag um weitere 25 Jahre verlängert – und dabei die Bedürfnisse sowohl der Natur als auch der Menschen berücksichtigen. Bislang zeichnet sich ein durchschlagender Erfolg ab, der in Gesundheitswesen, Bildung, nachhaltiger Landwirtschaft und Tourismus einerseits sowie im Erhalt der Natur und im Schutz der Tiere andererseits sichtbar ist. Heute gibt es im Nationalpark wieder rund 650 Afrikanische Elefanten – es sollen noch viel mehr werden. Mehr als 250 Ranger, darunter auch Frauen, halten das Wildern im Zaum. Charlies Erlebnisse in Gorongosa haben dazu geführt, dass er sich seitdem für die Erhaltung des Parks als eines der »fortschrittlichsten, vernünftigsten und nachahmenswertesten Naturschutzprojekte überhaupt« einsetzt.

Canon EOS-1D X Mark II, Canon-Objektiv 100–400mm f4,5–5,6 bei 148mm; 1/200 Sek. bei Blende 8; ISO 1600.

Verhalten – Vögel

SIEGER

Land des Adlers

Audun Rikardsen

NORWEGEN

Hoch oben auf einer Felskante an der Küste in der Nähe seines Wohnorts im nördlichen Norwegen positionierte Audun sorgfältig einen abgestorbenen Ast – als perfekten Aussichtspunkt für einen Steinadler, wie er hoffte. Daneben befestigte er einen Stativkopf mitsamt Kamera, Blitzlichtern und Bewegungsmelder und errichtete unweit der Stelle für sich selbst ein Versteck. Hin und wieder legte er auch einen Köder aus, ein auf der Straße überfahrenes Tier. Ganz allmählich – genauer gesagt während der folgenden drei Jahre – gewöhnte sich ein Steinadler an die Kamera und benutzte tatsächlich den Ast, um die Küste unten im Auge zu behalten. Steinadler brauchen ausgedehnte Territorien, am liebsten ist ihnen offen bergiges Gelände im Inneren des Landes. In Nordnorwegen aber finden sich die Vögel auch an der Küste, manchmal im selben Gebiet wie Seeadler. Ihr Beutespektrum ist groß und reicht von Fischen, Amphibien, Insekten und Vögeln sowie kleinen und mittelgroßen Säugetieren, darunter beispielsweise Füchse und Rehkitze, bis zum Aas. Sogar ein ausgewachsenes Rentier ist schon von einem Steinadler getötet worden. Aus Angst um ihre Schafe gibt es unter norwegischen Bauern Bestrebungen, die Adlerjagd legalisieren zu lassen. Experten halten allerdings dagegen, dass die Vögel lediglich als Sündenbock für Verluste der Landwirte dienen und sich die Adlerjagd keineswegs positiv auf diese Verlustbilanz auswirken würde. Für ihre Größe – die Adler haben etwa das Gewicht einer Hauskatze, aber eine Flügelspannweite von über zwei Metern – sind die Tiere erstaunlich schnell und wendig, wenn sie in den Himmel aufsteigen, sich in der Thermik treiben lassen, hinabstoßen und spektakuläre Balzflüge vollziehen. Auduns großer technischer Aufwand wurde mit einem Bild belohnt, das die ungeheure Kraft des Steinadlers einfängt, der mit gespreizten Klauen auf dem Ast landet, von dem aus er einen geradezu erhabenen Ausblick auf sein Küstenreich hat.

Canon EOS-5D Mark IV, Canon-Objektiv 11–24mm f4 bei 11mm; 1/2500 Sek. bei Blende 14 (–1 e/v); ISO 800; Canon-Speedlite-600EX-II-RT-Blitzlicht; Camtraptions-Bewegungsmelder; Sirui-Stativkopf.

Die Pinguinparade

Thomas P. Peschak

DEUTSCHLAND/SÜDAFRIKA

Eine Prozession Goldschopfpinguine watschelt nach einem Bad im Meer auf dem Rückweg zu ihrer Schlafterrasse den Bergkamm eines alten Vulkankraters hinauf. Sie leben auf der abgelegenen südafrikanischen Insel Marion im subantarktischen Indischen Ozean, mehr als 1900 Kilometer südöstlich von Kapstadt. Die Vögel wirken in ihrem fast vollständig durchgemauserten Gefieder und mit ihren sonnengelben Kopffedern sehr elegant. Letzteren haben sie den Namen Goldschopfpinguin zu verdanken. Der Boden ist übersät mit alten Federn, die Luft hallt vom ungeheuren Lärm der Kolonie unten im »Amphitheater« wider. Dabei handelt es sich um eine Reihe von Terrassen in der Kraterwand, ausgetreten von unzähligen Generationen brütender Goldschopfpinguine. Nach der sommerlichen Brutsaison und einem anschließenden kurzen Aufenthalt im Meer, der überwiegend der Nahrungssuche dient, kehren rund 12 000 Paare für mehrere Wochen an die Westküste der Vulkaninsel zurück, um dort zu mausern. In dieser Zeit nehmen die Tiere keinerlei Nahrung zu sich. Nachdem sich Thomas eine Sondergenehmigung von der südafrikanischen Regierung geholt hatte, segelte er zu der abgeschiedenen Insel und verbrachte drei Wochen damit, über das spärlich bewachsene Terrain zu wandern und Marions einzigartiges Seevogelleben zu dokumentieren. Viele der dort lebenden Arten sind durch invasive Mäuse gefährdet, die nicht nur die Küken, sondern sogar die brütenden Altvögel angreifen (ein Ausrottungsprogramm gegen den Eindringling ist in Planung). Eine wesentlich ernstere Bedrohung für die Goldschopfpinguine, deren Anzahl überall auf der Welt drastisch sinkt, stellen allerdings der Klimawandel und die Nahrungskonkurrenz mit der kommerziellen Fischerei dar. Thomas blieben nur wenige Stunden mit dieser speziellen Pinguin-Kolonie, dann zog ein Sturm auf, und die meisten der neu befiederten Vögel brachen zum Meer auf. Die folgenden sechs Monate verbringen sie dort auf Nahrungssuche, um Kraft für die nächste Brutsaison ab Oktober auf der Insel zu sammeln.

Nikon D5, Nikon-Objektiv 24–70mm f2,8 bei 24mm; 1/200 Sek. bei Blende 18; ISO 640; Profoto-B1-Blitzlicht.

Eisige Erfrischung

Diana Rebman

USA

An einem bitterkalten Morgen auf der japanischen Insel Hokkaido bot sich Diana eine vergnügliche Szene. Ein Schwarm Schwanzmeisen und Sumpfmeisen hatte sich um einen langen Eiszapfen an einem Zweig herum versammelt, und nun knabberten die Tiere abwechselnd an der Spitze des kalten Gebildes. Auf dem Foto hängt ein Vertreter der Schwanzmeisen-Unterart *Aegithalos caudatus japonicus* für Sekundenbruchteile in der Luft, um sich an der Erfrischung zu laben. Bei Sonnenschein hätte sich die Eiszapfenspitze in einen Wassertropfen verwandelt und dann würde der Vogel trinken und nicht picken. Die Vögel lösten einander dabei so schnell und geordnet ab, dass das Ganze wie eine einstudierte Choreografie wirkte. Zwei Tage später kehrte Diana an die Stelle zurück. Weil die Temperatur unverändert bei –20 °C lag, war auch der Eiszapfen noch da und ebenso die Vögel, die von ihm nippten. Als dann doch endlich die Sonne herauskam und das Eis zu schmelzen begann, beschloss eine Schwanzmeise, sich auf den Zapfen zu setzen, statt nur davor zu »schweben«. Das brachte das ganze Spektakel zu einem abrupten Ende: Der Zapfen brach ab und zerschmetterte am Boden.

Nikon D500, Nikon-Objektiv 300mm f2,8 und 1,7x-Telekonverter; 1/1600 Sek. bei Blende 8 (+0,3 e/v); ISO 1600; Fernauslöser; Gitzo-Stativ und Mongoose-Stativkopf.

Lieferservice

Tommy Pedersen

SCHWEDEN

Auf dem hohen Stumpf einer Birke in Arvika im schwedischen Värmland bietet ein männlicher Bartkauz seinem Nachwuchs eine Mahlzeit an. Das kostbare Küken, das sich in die Sicherheit des mütterlichen Gefieders kuschelt, ist erst etwa 17 Tage alt und der einzige Überlebende aus einem Dreiergelege. Seine beiden Geschwister waren einige Tage zuvor verschwunden. Bartkäuze haben ihr Verbreitungsgebiet im borealen Nadelwald knapp unterhalb des nördlichen Polarkreises, doch schwankt dieses mit dem Nahrungsangebot. Die Vögel ernähren sich überwiegend von kleinen Säugetieren, vor allem von Wühlmäusen. Als Tommy dieses brütende Bartkauzpaar in seiner Nachbarschaft entdeckte, harrte er anschließend volle zwei Wochen unter einem Tarnnetz aus, unter das er noch vor Sonnenaufgang kroch. Trotz wiederholter Mückenattacken versuchte er, sich unter dem Netz möglichst still zu verhalten. Anfänglich mussten die Altvögel die Mahlzeit für das Küken mundgerecht zerlegen, mittlerweile aber war es in der Lage, die Maus im Ganzen hinunterzuschlucken, was es auch gierig tat, sobald die Eltern am Nest gelandet waren. Mit einer weiten Blende gelang es Tommy, das gesprenkelte Gefieder der Vögel und ihren silbrig glänzenden Sitzplatz vor dem ins Abendlicht getauchten Hintergrund zu isolieren. So schuf er ein unvergessliches und inniges Familienporträt.

Nikon D5, Nikon-Objektiv 600mm f4; 1/200 Sek. bei Blende 4,5; ISO 640; Gitzo-Stativ und Wimberley-Kardanstativkopf.

Verhalten – Amphibien und Reptilien

SIEGER

Teichkosmos

Manuel Plaickner

ITALIEN

Seit über zehn Jahren folgt Manuel jedes Frühjahr den Massenwanderungen der Grasfrösche in Südtirol. Die allmählich steigenden Frühlingstemperaturen bewegen die Tiere dazu, ihre geschützten Winterquartiere zu verlassen. Die Amphibien überwintern meist unter Steinen oder Holz, manchmal sogar eingegraben am Boden eines Teichs. Sie verspüren den Trieb, sich fortzupflanzen, und halten geradewegs auf das Wasser zu, in der Regel auf das Gewässer, in dem sie selbst zur Welt gekommen sind. Bei der Paarung umklammert das Männchen das Weibchen huckepack so lange, bis dieses die Eier legt. Das können bis zu 2000 Stück sein – alle von einer durchsichtigen, geleeartigen Kapsel umgeben –, die das Männchen anschließend befruchtet. Manuel musste nur noch den geeigneten Teich mit den richtigen Lichtbedingungen zur rechten Zeit finden. Grasfrösche sind in ganz Europa zwar weitverbreitet, doch geht ihre Anzahl inzwischen zurück. Lokale Populationen sind insbesondere durch die Verschmutzung und Trockenlegung des Lebensraums bedroht, aber auch durch Krankheiten und in manchen Ländern sogar durch die Bejagung. In Südtirol gibt es kaum noch Teiche, in denen sich die Tiere massenweise zum Laichen versammeln können. Das Ereignis dauert zudem nur wenige Tage. Manuel tauchte in einem der größeren Gewässer am Rand eines Waldes unter, wo sich mehrere Hundert Frösche eingefunden hatten. Bei klarer Sicht beobachtete er das Geschehen, bis der Moment gekommen war, den er sich für sein Foto vorgestellt hatte: sanftes natürliches Licht, im Wasser verteilt die Frösche, harmonische Farben und unwirkliche, traumähnliche Spiegelungen. Nach ein paar Tagen waren die Frösche wieder verschwunden – nur noch die reifenden Eier trieben an der Oberfläche des Teichs.

Canon EOS-5D Mark II, Canon-Objektiv 17–40mm f4 bei 20mm; 1/640 Sek. bei Blende 8 (+0,7 e/v); ISO 800; Seacam-Unterwassergehäuse.

Ein Happen

Jaime Culebras

SPANIEN

Eine Gebänderte Katzenaugennatter verschlingt im Veragua Rainforest Reserve in Costa Rica einen männlichen Sanduhr-Laubfrosch. Jaime konzentrierte sich in dieser Nacht zunächst auf Frösche – viele von ihnen saßen quakend auf Blättern um einen kleinen Tümpel herum. Dann bemerkte er die Schlange, die sich langsam auf eine Gruppe Frösche zubewegte und sich ihre Beute dabei mit der Zunge »erroch«. Ihren Namen verdankt sie den auffälligen Augen mit den vertikalen Pupillen, ihre Lieblingsnahrung sind Frösche und deren Eier. Ein wahres Festmahl erwartete die Katzenaugennatter: Denn der Sanduhr-Laubfrosch, der seinen Namen wiederum der Zeichnung auf seinem Rücken verdankt, ist nach jetzigem Kenntnisstand der einzige Frosch, der seine Eier sowohl im Wasser als auch an Land – auf überhängenden Blättern – ablegt. Jaime näherte sich überaus vorsichtig, damit er die Schlange nicht durch Erschütterungen verscheuchte, musste aber noch mehrere Stunden warten, bis das räuberische Reptil seine Wahl getroffen hatte. Blitzartig schnappte sie sich einen männlichen Frosch und injizierte ihm mithilfe der Fänge im hinteren Teil ihres Mauls ein Gift mit geringer Toxizität. Jaime fängt mit seiner Nahaufnahme auch den Gesichtsausdruck des Froschs ein, der sich seinem Schicksal ergibt.

Canon EOS-6D, Canon-Objektiv 100mm f2,8; 1/100 Sek. bei Blende 16; ISO 200; Yongnuo-Blitzlicht und -Auslöser; Softbox.

Kriegstanz

Victor Tyakht

RUSSLAND

Rivalisierende Bärtige Krötenkopfagamen springen im gegenseitigen Kräftemessen in Kalmückien im Südwesten Russlands nebeneinander her. Um Fressfeinde zu verscheuchen, besitzen die Echsen eindrucksvolle rote Hautlappen beidseits des Mauls, die sich bei Gefahr öffnen. Wenn sich ein Eindringling dem Revier eines anderen Männchens nähert – die Tiere verfügen über regelrechte Grenzstationen –, macht sich Letzteres augenblicklich zur Konfrontation bereit. Dann folgt eine Art inszenierter Showdown, bei dem jede Agame genau weiß, was sie zu tun hat. Zuerst wird mit verschiedenen Schwanzbewegungen verhandelt und festgestellt, ob eine der Echsen vielleicht stärker ist als die andere. Ist das nicht sicher, wie im abgebildeten Fall, kommt es zu einer Art kriegerischem Tanz, der sich zum offenen Kampf steigert und bei dem jede Krötenkopfagame versucht, die andere in den Schwanz zu beißen. Von Zeit zu Zeit schlossen die beiden einen vorübergehenden Waffenstillstand, um zu verschnaufen, bevor sie mit neuer Heftigkeit weiterkämpften. Schließlich gab es einen ersten und einen zweiten Sieger, Letzterer verließ das Revier. Die ganze atemberaubende Action, so Victor, fand in sengender Hitze statt, während brennend heißer Sand von den Dünen aufgewirbelt wurde.

Sony RX10 IV, Zeiss-Vario-Sonnar-Objektiv 8,8–220mm f2,4–4; 1/2000 Sek. bei Blende 6,3; ISO 400.

Verhalten – Säugetiere

GEMEINSAMER SIEGER

Ein Augenblick von Leben und Tod

Yongqing Bao

CHINA

Auf den alpinen Wiesen der Qinghai-Tibet-Hochebene im chinesischen Qilian Mountains National Nature Reserve hatte gerade der Frühling Einzug gehalten. Es war noch sehr kalt. Das Himalaya-Murmeltier hatte Hunger. Es trug noch sein Winterfell und war gerade aus seinem sechsmonatigen Winterschlaf erwacht, den es mit dem Rest der Kolonie – rund 30 Artgenossen – tief unter der Erde verbracht hatte. Es hatte den weiblichen Tibetfuchs schon eine Stunde zuvor erspäht und seine Gefährten gewarnt, die daraufhin wieder in ihrem Bau verschwunden waren. Da sich die Füchsin jedoch nicht rührte und noch immer in derselben Position dalag, traute sich das Murmeltier schließlich doch hervor, um den Boden nach pflanzlicher Nahrung abzusuchen. Die Füchsin rührte sich noch immer nicht. Doch plötzlich sprang sie auf – und ebenso blitzschnell machte Yongqing sein Bild, das die Szene zu einem Augenblick von Leben und Tod einfror. Die Intensität des Moments scheint den beiden Kontrahenten gleichsam ins Gesicht geschrieben: Beutegreiferin und Beute mitten in der Bewegung, die langen Reißzähne der Füchsin entblößt, die Vorderpfoten des zu Tode erschrockenen Nagers gespreizt, seine zum Graben dienenden Krallen zur Abwehr praktisch nutzlos. Eine solche Interaktion zwischen Fressfeind und Nahrung ist Teil der natürlichen Ökologie des Hochebenen-Ökosystems, dessen Schlüsselart Nagetiere sind, vor allem der Schwarzlippige Pfeifhase, der etwas kleiner als ein Murmeltier ist. Die Tiere spielen nicht nur als Nahrung für Füchse und fast alle anderen Beutegreifer eine wichtige Rolle, sie sorgen auch für die Gesundheit des Graslands, graben Baue, in denen beispielsweise auch Vögel, Echsen und Insekten Schutz finden, und schaffen Mikrohabitate, die die pflanzliche Artenvielfalt erhöhen und damit insgesamt zur Reichhaltigkeit der Wiesen beitragen.

(SIEHE AUCH SEITE 10.)

Canon EOS-1D X, Canon-Objektiv 800mm f5,6; 1/2500 Sek. bei Blende 5,6 (+0,67 e/v); ISO 640; Manfrotto-Carbonstativ und 509HD-Stativkopf.

GEMEINSAMER SIEGER

Ausgeglichener Kampf

Ingo Arndt

DEUTSCHLAND

Als das Pumaweibchen das Guanako angriff, flogen regelrecht die (Fell-) Fetzen. Für Ingo Arndt bedeutete das Bild den Höhepunkt seiner siebenmonatigen Wanderung auf der Suche nach wild lebenden Pumas, bei der er die extreme Kälte und beißenden Winde der Region Torres del Paine im chilenischen Patagonien ertragen musste. Die Raubkatze war Ingos Hauptfotomotiv und an seine Anwesenheit gewöhnt. Zum Fotografieren des Angriffs musste jedoch auch der Blick auf die Beute des Pumas frei sein. Also suchte sich Ingo ein potenzielles Angriffsziel – ein großes Guanakomännchen, das abseits seiner Herde auf einem kleinen Hügel graste – und wählte eine Position gegen den Wind, mit Blick auf die Richtung, aus der der Puma wahrscheinlich kommen würde. Um die Bewegungen des Pumaweibchens zu überwachen, wenn dieses außer Ingos Sichtweite war, stellte er zusätzlich seine beiden Helfer auf, die den Puma mit Ferngläsern dabei verfolgten, wie er sich seiner Beute näherte, und ihre Beobachtungen über Funk an Ingo weitergaben. Pumas sind schnell – dabei hilft ihnen ihre lange, biegsame Wirbelsäule, wie das auch bei Geparden der Fall ist. Sie können die Geschwindigkeit aber nur über kurze Distanzen aufrechterhalten. Eine halbe Stunde lang schlich sich der Beutegreifer an das Guanako heran. Das Licht war perfekt, hell genug für eine kurze Belichtung, aber durch eine dünne Wolkenschicht abgemildert, und Ingo befand sich in der richtigen Position. Als sich der Puma dem Guanako bis auf zehn Meter genähert hatte, sprintete er los, sprang und schlug die Klauen in die Beute. Das Guanako drehte sich zur Seite, wobei Reste seiner Grasmahlzeit aus seinem Maul umherflogen. Dann sprang ihm der Puma auf den Rücken und versuchte, seine Beute durch einen Nackenbiss zu töten. Dem Guanako gelang es auch durch Laufen nicht, den Angreifer abzuschütteln, erst als es sich mit vollem Gewicht auf ihn warf, ließ der Puma los und wich gerade noch einem Tritt des Guanakos aus, der ihm leicht die Zähne hätte ausschlagen oder Knochen hätte brechen können. Vier von fünf Pumajagden enden genau so: ohne Erfolg.

Canon EOS-1D X Mark II, Canon-Objektiv 600mm f4; 1/3000 Sek. bei Blende 4; ISO 1000; Gitzo-Stativ.

Immer mit der Ruhe

Dani Salgado

SPANIEN

Action sieht zwar anders aus, aber nach Faultiermaßstäben geht hier gerade die Post ab. Fotograf Dani Salgado wusste, wie viel Glück er da gerade hatte. Normalerweise sieht man die am Tag zu 90 Prozent inaktiven Braunkehl-Faultiere im Baum hängen, während sie verdauen, da es eine geschlagene Woche dauern kann, bis ihr Magen-Darm-Trakt alle Nährstoffe aus der pflanzlichen Nahrung herausgefiltert hat. Wenn sich Faultiere überhaupt bewegen, dann nur sehr langsam, um an junge Blätter und Knospen heranzukommen. Das Faultier im Bild, aufgenommen im Nationalpark Manuel Antonio in Costa Rica, kletterte rückwärts den Ameisenbaum hinab, von dem es gefressen hatte. Es verließ seinen Sitz im Baum allerdings nur, um auf dem Boden Ballast abzuwerfen – Faultiere müssen nur etwa einmal pro Woche Kot und Urin absondern. Da sich die Tiere auf dem Boden nur kriechend fortbewegen können, bleiben sie gerade lange genug unten, um mit dem Schwanz ein Loch zu graben und darin die harten, trockenen Kotkügelchen zu deponieren. Es gibt verschiedene Theorien darüber, warum das Tier ein so hohes Risiko auf sich nimmt. Eine davon besagt, dass es sich die Erde aus den langen Krallen leckt und so wichtige Mineralien bekommt, die seine Blattnahrung nicht enthält. Da einschlägige Studien bisher fehlen, bleibt das seltsame Toilettenverhalten des Faultiers rätselhaft.

Canon EOS-5D Mark IV, Tamron-G2-Objektiv 150–600mm f5–6,3; 1/2000 Sek. bei Blende 6,3; ISO 800.

Nur Flucht, nicht Flug

Eduardo del Álamo

SPANIEN

Ein Eselspinguin – der schnellste Schwimmer unter den Pinguinen – flieht vor einem aus dem Wasser herausschießenden Seeleoparden um sein Leben. Für den Fotografen kam das wenig überraschend: Er hatte den Pinguin gesehen, der sich auf einer Eisscholle ausruhte, aber auch den Seeleoparden, der vor der Küste der Antarktischen Halbinsel in der Nähe einer Eselspinguin-Kolonie auf Cuverville Island patrouillierte. Als Eduardo mit seinem Schlauchboot auf den Vogel zuhielt, war der Seeleopard direkt unter ihm durchgeschwommen. Nur wenige Augenblicke später war der Räuber mit weit aufgerissenem Maul aus dem Wasser geschossen. Dem Pinguin gelang es, von der Scholle herunterzukommen, doch nun schien der Seeleopard aus der Jagd ein Spiel zu machen. Seeleoparden sind Furcht einflößende Beutegreifer. Die Weibchen können bis zu dreieinhalb Meter lang und über 500 Kilogramm schwer werden, die Männchen sind etwas kleiner und leichter. Ihre stromlinienförmigen Körper sind auf Geschwindigkeit getrimmt, in den breiten Kiefern stecken lange Eck- und sehr spitze Backenzähne. Seeleoparden jagen praktisch alles, Fische, aber auch Junge anderer Robbenarten. Sie spielen mit ihrer Beute – wie hier im Bild, wo er den Pinguin weitere 15 Minuten lang verfolgte, bevor er ihn fing und fraß.

Canon EOS-7D Mark II, Canon-Objektiv 100–400mm f4,5–5,6 bei 110mm; 1/2500 Sek. bei Blende 10; ISO 1000.

Der letzte Atemzug

Adrian Hirschi

SCHWEIZ

Ein neugeborenes Flusspferd, nur wenige Tage alt, hielt sich im seichten Gewässer des Kariba-Sees in Simbabwe dicht bei seiner Mutter, als ein großer Bulle plötzlich auf die beiden zuraste. Zuerst jagte er die Mutter, dann schnappte er sich mit seinem riesigen Maul das Kalb, ganz offensichtlich in der Absicht, es zu töten. Nachdem er vergeblich versucht hatte, es zu ertränken, zermalmte er es mit seinen gewaltigen Kiefern, direkt vor den Augen der hilflosen Mutter. Dank einer blitzschnellen Reaktion und kurzer Belichtungszeit gelang es Adrian, die schockierende Szene einzufangen. Kindstötung ist selten bei Flusspferden, kommt aber vor, wenn das Austrocknen ihrer Rastplätze und das daraus resultierende Gedränge den Tieren großen Stress bereitet. Außerdem können die Männchen ihren Fortpflanzungserfolg erhöhen, wenn sie die Jungen anderer Männchen töten, denn ohne Junge sind die Weibchen wieder paarungsbereit und pflanzen sich möglicherweise mit dem Angreifer fort. Darüber hinaus sind männliche Flusspferde ausgesprochen aggressiv, wenn es um die Verteidigung ihres Reviers geht. Brutale Revierkämpfe sind daher an der Tagesordnung. Wenn sie sich bedroht fühlen, können Flusspferde durchaus auch Menschen angreifen und töten.

Nikon D750, Nikon-Objektiv 400mm f2,8; 1/2000 Sek. bei Blende 6,3 (–0,7 e/v); ISO 640; Gitzo-Einbeinstativ.

Wie Hund und Katz

Peter Haygarth

GROSSBRITANNIEN

Eine seltene Begegnung: Ein einzelnes Gepardenmännchen wird von einem Rudel Afrikanischer Wildhunde angegriffen. Die Begegnung hat deshalb Seltenheitswert, weil beide Arten aus einem Großteil ihres einstigen Verbreitungsgebiets verschwunden sind. Hauptsächlich aufgrund von Lebensraumverlust und -fragmentierung gibt es jeweils nur noch weniger als 7000 Individuen. Beide Spezies weisen inzwischen geringe Populationsdichten auf. Peter Haygarth war den Wildhunden im Wagen gefolgt, als diese im Zimanga Private Game Reserve in der südafrikanischen Provinz KwaZulu-Natal jagten. Ein Warzenschwein war dem Rudel gerade entkommen, als die Alpha-Tiere auf die Großkatze stießen. Zunächst hielten die Hunde Abstand, doch als der Rest des zwölfköpfigen Rudels erschien, begannen sie selbstbewusst und vor Aufregung jaulend, den Geparden einzukreisen. Die schon ältere Großkatze mit lädiertem linkem Ohr zischte und machte mit angelegtem rechtem Ohr einen Satz rückwärts. Während der Staub im Morgenlicht aufwirbelte, konzentrierte sich Peter für sein Foto auf den Gesichtsausdruck des Geparden. Nur wenige Minuten später ergriff die Katze die Flucht, und die Konfrontation war vorüber.

Nikon D4S, Nikon-Objektiv 400mm f2,8; 1/640 Sek. bei Blende 5; ISO 800.

Verhalten – Wirbellose

SIEGER

Architektenarmee

Daniel Kronauer

DEUTSCHLAND/USA

Daniel Kronauer musste 400 Höhenmeter im dichten Regenwald in der Nähe der Forschungsstation La Selva im Nordosten Costa Ricas überwinden, um der Kolonie Wanderameisen, auch Heeresameisen genannt, in der Abenddämmerung zu folgen. In der Nacht würden die Ameisen mit ihren Körpern ein neues Nest, ein sogenanntes Biwak, für die Königin und die Larven bilden. Dafür errichten sie zuerst ein Gerüst aus senkrechten Reihen (oben rechts im Bild), indem sie die Beine miteinander verhaken. Dann bilden sie ein Netz aus Kammern und Gängen, in die die Larven und die Königin aus dem vorhergehenden Biwak gebracht werden. Im Morgengrauen gehen Mitglieder der Kolonie auf Raubzug, um Nahrung zu beschaffen, hauptsächlich andere Ameisenarten. Nach 17 Tagen Wanderschaft sucht die Kolonie schließlich Schutz, etwa in einem hohlen Baumstamm, damit die Königin weitere Eier legen kann. Drei Wochen später nehmen die Tiere die Wanderschaft wieder auf. Die Form der Biwaks hängt von der Umgebung ab: Meist sind sie zapfen- oder vorhangförmig und teilweise von Pflanzen verdeckt. Eines Nachts aber sammelte sich die Kolonie in offenem Gelände an einem abgebrochenen Ast und zwei großen, etwa gleich hohen Blättern; das Biwak, das daraus entstand, hatte einen Durchmesser von rund 50 Zentimetern und ähnelte »einer lebendigen Kathedrale mit drei Kirchenschiffen«. Daniel brachte seine Kamera vorsichtig in nur wenigen Zentimetern Abstand zum Nest auf dem Waldboden in Stellung. Er benutzte ein Weitwinkelobjektiv, um auch die Umgebung aufs Bild zu bekommen, und hütete sich, die mehrere Hunderttausend Tiere starke Ameisenarmee in Rage zu bringen. »Du darfst nicht einmal in ihre Richtung atmen, geschweige denn das Biwak berühren«, erklärt er. Doch es hat sich gelohnt: Sein Bild illustriert das Konzept einer Insektengesellschaft als Superorganismus perfekt.

Canon EOS-7D, Canon-Objektiv 16–35mm f2,8 bei 16mm und Zwischenring; 3,2 Sek. bei Blende 22; ISO 100; Canon-Speedlite-Blitzlicht.

Der Haarnetzkokon

Minghui Yuan

CHINA

Minghui stand seitlich an der Wand der Toilette, presste Gesicht und Kamera daran und versuchte, den außergewöhnlichen Kokon einer Nachtfalterraupe der Gattung *Cyana* scharf zu stellen. Ein typischer Standort wäre ein Baumstamm oder Felsen im Regenwald von Xishuangbanna im Südwesten Chinas gewesen, wo Minghui gerade gefilmt hatte. Doch diese Raupe hatte sich eben für eine Wand entschieden. Zum Weben des feinen, von Seide zusammengehaltenen und nur vier Zentimeter großen Kokons, in dem sie sich verpuppen wollte, hatte sie ihre langen, haarähnlichen Seten benutzt. Der Kokon schützt die Raupe vor Fressfeinden, wahrscheinlich aber nicht vor parasitierenden Wespen. In seinem Inneren spinnt sich die Raupe mit fast unsichtbaren Seidenfäden ein – so wirkt es, als hinge sie in der Luft. Der Kokon besitzt an jedem Ende eine Öffnung, durch die die Raupe nach ihrer letzten Häutung ihre äußere Hülle abwirft, bevor sie oben aus der luftigen Hülle als wunderschöner weißer Nachtfalter mit einem rot-schwarzen Muster auftaucht.

Nikon D500, Nikon-Objektiv 85mm f3,5; 1/50 Sek. bei Blende 29 (+2 e/v); ISO 640.

Schlaf, Bienchen, schlaf

Frank Deschandol

FRANKREICH

Als es in Oukaïmeden im marokkanischen Teil des Atlasgebirges allmählich dunkel wurde, summten zahlreiche Bienen im langen Gras um den See herum. Zur großen Freude von Frank Deschandol ließen sich die Tiere in kurzen Reihen auf den Grashalmen nieder. Es waren Pelzbienen der Gattung *Amegilla*, wahrscheinlich Drohnen. Die Weibchen halten sich in der Regel in unterirdischen Nestern auf. Die Bienen hielten sich mit ihren Mandibeln an den Halmen fest und entspannten sich nach und nach: Sie ließen Körper und Fühler sinken, die Flügel ruhten, und schließlich schliefen sie ganz ein (wie die Biene rechts). Forschungen zu Honigbienen haben ergeben, dass die Tiere tagsüber müde werden und weniger leistungsfähig sind, wenn sie nachts nicht genug Schlaf bekommen. Frank brauchte Hunderte von Anläufen im nachlassenden Licht und bei aufkommendem Wind, bevor er das Foto bekam, das er wollte. Es zeigt die kaum auffallenden Unterschiede in Größe, Form und Farbe der Insekten ebenso wie ihr liebenswertes Verhalten.

Canon EOS-7D Mark II, Canon-Objektiv 300mm f4; 1/640 Sek. bei Blende 4; ISO 200.

Flügel der Leidenschaft

Piotr Naskrecki

POLEN/USA

Sobald es zu regnen begann, schnappte sich Piotr seine Kamera, voll Vorfreude auf eines seiner liebsten Naturschauspiele in Afrika. Die ersten Regenfälle stimulieren Tausende geflügelter Termiten dazu, aus ihren unterirdischen Nestern aufzutauchen und sich auf Partnersuche zu begeben. Ein wahres Fest für insektenfressende Arten – und damit einer der Gründe, warum Termiten für das afrikanische Ökosystem so ungeheuer wichtig sind. Wenn die Termite einen Partner gefunden hat und gelandet ist, wirft sie mithilfe ihres hinteren und mittleren Beinpaars ihre Flügel ab, die durch Sollbruchstellen mit dem Rest des Körpers verbunden sind. »Es schien, als ob sie es nicht abwarten konnten, die nun unnötigen Anhängsel loszuwerden«, erinnert sich Piotr. Ohne Flügel sind die Tiere rund zwei Zentimeter lang, mit Flügeln sind sie fast doppelt so groß; nach der Paarung beginnen sie sofort mit dem Graben unterirdischer Nester und dem Gründen einer neuen Kolonie. Als ganze Wolken der Insekten die Lampen in Piotrs Camp im Nationalpark Gorongosa in Mosambik sowie sein Gesicht und die Kamera umschwärmten, musste er für sein Bild auf Rotlicht umschalten, das die Tiere weniger stark anzieht. Er richtete es so ein, dass eine einzelne noch nicht verpaarte Termite auf einem Teppich aus Flügeln zu sehen ist. Einige geflügelte männliche Rossameisen, ebenfalls auf Partnersuche, leisten ihr Gesellschaft. Mit seinem Foto will Piotr auf die Termiten als »Ingenieure des Ökosystems« aufmerksam machen, »ohne die viele andere Organismen nicht überleben könnten. Sie sind es, die die Landschaften Afrikas formen, nicht die Löwen und die Elefanten.«

Sony α7R III, Sony-Objektiv 100mm f2,8; 1/160 Sek. bei Blende 16; ISO 800; zwei Nikon-Speedlight-SB-28-Blitzlichter.

Dinner for One

Ripan Biswas

INDIEN

Nach Ansicht von Ripan Biswas sind nicht die Großkatzen die größte Attraktion der Buxa Tiger Reserve im indischen Westbengalen, es sind die Insekten, die eine nie enden wollende Vielfalt an Arten und Verhaltensweisen bieten. An diesem Nachmittag faszinierte ihn eine Fliege der Gattung *Atherigona* besonders: Sie war gerade einmal sechs Millimeter groß und labte sich an einer Flüssigkeit in einem leeren Schneckengehäuse. Da die Art zu den Echten Fliegen gehört, besitzt sie nur zwei Flügel – die meisten anderen fliegenden Insekten besitzen vier – sowie saugende Mundwerkzeuge zur Aufnahme ihrer Flüssigkost. Vielleicht war es ein Weibchen auf der Suche nach Protein für die eigenen Eier, die es in Grasschösslingen ablegt. Wie bei allen Fliegen reagieren auch die Facettenaugen dieser Fliege, die aus einer Vielzahl sich wiederholender Einheiten bestehen, besonders empfindlich auf Bewegungen, weshalb sich der Fotograf ausgesprochen langsam nähern musste. Ripan benutzte sein umgekehrt angesetztes Objektiv als Makroobjektiv, musste so aber alle Einstellungen manuell vornehmen, angesichts des dunklen Suchers war vor allem die Scharfstellung knifflig. Dennoch gelang es ihm, die Züge der Fliege erstaunlich detailliert einzufangen.

Nikon D500, Nikon-Objektiv 18–55mm (umgekehrt angesetzt); 1/125 Sek.; ISO 125; Godox-V860II-Blitzlicht.

Die Froschjägerin

Javier Aznar González de Rueda

SPANIEN

Für diesen winzigen, weniger als zwei Zentimeter großen Frosch gibt es kein Entkommen. Denn er befindet sich in den Fängen einer hochgiftigen Kammspinne, die nachts auf die Jagd geht und ihm im Laub auf dem Boden des Regenwaldes aufgelauert hatte. Auch Javier befand sich im Rahmen einer Expedition, die im Nationalpark Yasuní in Ecuador nach Amphibien und Reptilien suchte, auf einem nächtlichen Streifzug; der Park gehört zu den absoluten Hotspots der Biodiversität, ist aber durch Ölbohrungen bedroht. Die Spinne injizierte ihrer Beute gerade ihr Gift. Der Frosch war zwar durch seine Farbe im Laub gut getarnt, konnte sich aber nicht mit toxischen Hautabsonderungen, wie sie beispielsweise Pfeilgiftfrösche besitzen, verteidigen. Javier kniete sich ins Laub und komponierte sein Bild, bei dem er die Gesichter von Beutegreifer und Beute gleichermaßen scharf stellte. Der Frosch kämpfte offenbar bis zuletzt darum, der Spinne nicht als Nahrung zu dienen.

Canon EOS-70D, Canon-Objektiv 100mm f2,8; 1/250 Sek. bei Blende 16; ISO 400; Yongnuo-Blitzlicht.

Migrierende Megamotten

Lorenzo Shoubridge

ITALIEN

Bei der Fahrt über eine dunkle Bergstraße in den Apuanischen Alpen in der Toskana erspähte Lorenzo Shoubridge etwas, was er zunächst für jagende Fledermäuse hielt. Er legte einen Stopp ein, um sich die Sache genauer anzusehen: Es waren tatsächlich Windenschwärmer auf der Suche nach Nektar. Die nachtaktive Spezies ernährt sich ausschließlich im Flug. In den Apuanischen Alpen wird sie normalerweise im Sommer gesichtet, wenn sie aus dem südlicheren Europa oder sogar Nordafrika wiederkehrt. Der Schmetterling hat eine Flügelspannweite von bis zu zwölf Zentimetern sowie einen sehr langen Rüssel, mit dem er Nektar aus einer Vielzahl von Röhrenblüten saugt, in diesem Fall aus der Blüte des Echten Seifenkrauts. Lorenzo folgte den Schwärmern mehrere Abende lang, wobei er seine Taschenlampe so abblendete, dass er die Tiere nicht störte, aber noch genug sehen konnte, um nicht aus Versehen Pflanzen niederzutrampeln. Er kniete sich hin, stellte die Kamera scharf, schaltete die Taschenlampe aus und fotografierte im Dunkeln, stets bemüht, seine Hände und das Ministativ außer Sichtweite des Fischaugenobjektivs zu halten. Nach vielen Versuchen fing er schließlich zwei Windenschwärmer auf ihrer Nahrungssuche ein. Er bediente sich einer kamerainternen doppelten Belichtung, um sie vor dem Sternenhimmel und der Silhouette der Berge abzulichten. Noch ist die Gegend reich an Flora und Fauna, doch verändert sie sich durch den groß angelegten, zerstörerischen Marmorabbau immer rascher.

Nikon D500, Nikon-Objektiv 10mm f2,8; 120 Sek. bei Blende 13; ISO 800; Leofoto-MT-03-Mini-Spinnenstativ; Nikon-Speedlight-SB-R200-Blitzlicht.

Das Reich der Pflanzen und Pilze

SIEGER

Gobelin des Lebens

Zorica Kovacevic

SERBIEN/USA

Mit ihrem Behang aus dickem orangefarbenem Samt und ihrem Saum aus grauer Seide stellen die Äste einer Monterey-Zypresse am Pinnacle Point im kalifornischen Point Lobos State Natural Reserve einen beinahe überirdisch wirkenden Baldachin dar. Der schmale geschützte Küstenstreifen ist der einzige Ort auf der Welt, an dem die natürlichen Bedingungen ein solch märchenhaftes Bild hervorbringen. Angepflanzt wird die Monterey-Zypresse zwar häufig – vor allem aufgrund ihrer Widerstandskraft gegen Wind, Salz, Trockenheit und Schädlinge –, heimisch ist sie jedoch nur an zwei Standorten an der kalifornischen Küste. Die schwammartige orangefarbene Ummantelung besteht tatsächlich aus Grünalgen, die ihre spektakuläre Farbe Karotinoidpigmenten verdanken; sie brauchen den Baum als Stütze, betreiben aber ihre eigene Fotosynthese. Die Algenart – *Trentepohlia aurea* – ist weitverbreitet, kommt auf Monterey-Zypressen aber nur in Point Lobos vor, da dort genau die Bedingungen herrschen, die sie benötigt: saubere Luft und von Meer und Nebel gebildete Feuchtigkeit. Gegen das leuchtende Orange setzt sich das Silbergrau der Spitzenflechte ab, einer Mischung aus Alge und Pilz, die dem Baum ebenfalls nicht schadet. Nachdem sie mehrere Tage mit ihrem Motiv experimentiert hatte, entschied sich Zorica für die abstrakte Nahaufnahme eines bestimmten Baums. Da das Naturschutzgebiet ein beliebtes Ausflugsziel ist, hatte Zorica Glück, einen ruhigen Moment zu erwischen – und einen bedeckten Himmel, der kein allzu hartes Licht abgab. Für ihr Foto benutzte sie die Technik des »Focus Stacking«, die Serienaufnahme von 22 Bildern mit jeweils anderem Schärfepunkt und die kamerainterne Montage der Einzelbilder. So erzeugte sie eine außergewöhnliche Tiefenschärfe, die das farbenfrohe pflanzliche Labyrinth in all seinen Details offenbart.

Nikon D850, Nikon-Objektiv 70–200mm f2,8 bei 112mm; 1/4 Sek. bei Blende 8; ISO 64; Really-Right-Stuff-Stativ und -Kugelkopf.

Der kletternde Tote

Frank Deschandol

FRANKREICH

Bei einer nächtlichen Exkursion im peruanischen Amazonas-Regenwald stieß der Fotograf auf diesen bizarren Rüsselkäfer, der sich an einem Farnstängel festhielt. Die glasigen Augen des Insekts verrieten, dass es bereits tot war. Die drei fühlerartigen Gebilde, die aus seinem Vorderleib herauswuchsen, waren die reifen Fruchtkörper eines »Zombie-Pilzes«. Der parasitäre Pilz aus der Familie der Kernkeulen hatte sich im Inneren des lebendigen Käfers ausgebreitet, die Kontrolle über die Muskeln seines Wirtes übernommen und diesen zum Klettern gezwungen. Als die für den Pilz passende Höhe erreicht war, klammerte der Käfer sich am Stängel der Pflanze fest. Anschließend produzierte der Pilz seine von kleinen Kapseln gekrönten Fruchtkörper, aus denen er später eine Vielzahl winziger Sporen freisetzt, um neue Beute zu infizieren. Auch bei anderen Insekten sind solche »Zombie-Pilze« bekannt. Frank fotografierte den Käfer direkt von vorn, um das charakteristische Rostrum (»Rüssel«) hervorzuheben, und stellte den Pilz vor einem weichen Hintergrund dar, um die Sporenkapseln zu betonen. Am nächsten Tag hatte der Pilz die Sporen freigesetzt und war selbst abgestorben; er hatte seine Mission erfüllt.

Canon EOS-5D Mark II, Canon-Objektiv 100mm f2,8; 1 Sek. bei Blende 5,6; ISO 100; Triopo-Stativ und Feisol-Stativkopf.

Waldzuflucht

Uge Fuertes Sanz

SPANIEN

Unbehelligt von grasendem Vieh setzt der auf Madeira heimische Mauerpfeffer Farbtupfer auf einen riesigen Stinkenden Lorbeer im nebelverhangenen Fanal-Wald. Uge hatte die auffällige Pflanze aus der Familie der Dickblattgewächse andernorts im Wald auch auf dem Boden gesehen. Doch dort, wo Kühe grasten, zog sie sich epiphytisch in die Äste der Bäume zurück und bezog ihre Feuchtigkeit aus der Luft. Wie dieser Mauerpfeffer ist auch der knorrige Stinkende Lorbeer, der mehr als 40 Meter hoch und über 800 Jahre alt werden kann, eine auf Madeira und den Kanarischen Inseln heimische Art. Er ist das Wahrzeichen der berühmten Lorbeerwälder der Inseln, die sich einst über ganz Südeuropa und den Nordwesten Afrikas erstreckten. »Wo ich auch hinschaute, überall sah es aus wie im Märchenwald«, beschreibt Uge sein Erlebnis. Als sich der allgegenwärtige Nebel so weit gelichtet hatte, dass er der Szene gerade einen Hauch von Mysterium verlieh, hielt Uge seine Kamera nach oben und fotografierte blindlings in die Landschaft hinein, bis die bizarr geformten Bäume das Bild ausfüllten und hier und da der Mauerpfeffer »aufblitzte«.

Canon EOS-5D Mark III, Canon-Objektiv 17–40mm f4 bei 19mm; 1/80 Sek. bei Blende 13; ISO 640.

Der Süßwasserwald

Michel Roggo

SCHWEIZ

Vom Grund des schweizerischen Neuenburgersees aus recken sich die schlanken Stängel des Ährigen Tausendblatts mit ihren Wirbeln weicher, fedriger Blätter gen Himmel. Michel Roggo hat Süßwasserregionen weltweit fotografiert, doch dies war sein erster Tauchgang in dem See, der seinem Wohnort am nächsten liegt. Er schwamm knapp unterhalb der Wasseroberfläche und bewunderte die Schönheit der Pflanzen mit ihren kleinen rötlichen Blüten, als plötzlich ein riesiger Hecht in der beinahe undurchdringlichen Vegetation unter ihm verschwand. Ganz langsam ließ sich Michel sinken, um einen genaueren Blick zu erhaschen. Am Grund des Sees fand er sich, wie er sagt, in einem »schier endlosen Unterwasserdschungel« wieder. Das Ährige Tausendblatt stammt ursprünglich aus Europa, Asien und Nordafrika, hat sich mittlerweile aber auf der ganzen Welt verbreitet. Es kann sich über Bruchstücke vermehren und besiedelt so rasch Teiche, Seen und langsam fließende Gewässer. Durch seinen dichten Wuchs kann es einheimischen Arten das Licht rauben und diese verdrängen. Bei näherer Betrachtung der meterhohen Stängel bemerkte Michel an einigen größere Ansammlungen von Zebramuscheln. Die kleinen, in Russland und der Ukraine heimischen Mollusken mit ihrem typischen Streifenmuster pflanzen sich eifrig fort und werden über Boote verbreitet, sodass sie mittlerweile auch im westlichen Europa sowie in Nordamerika angekommen sind. Durch ihre Ernährungsweise dezimieren sie Planktonbestände erheblich, machen das Wasser klarer und stören Ökosysteme. Michel komponierte sein Bild mithilfe eines Weitwinkelobjektivs, um den Eindruck zu erwecken, der Betrachter blicke vom Boden eines Waldes aus an Baumriesen empor nach oben.

Sony α7R, Sony-Objektiv 16–35mm f4 bei 16mm; 1/40 Sek. bei Blende 8; ISO 200; Nauticam-Unterwassergehäuse.

Frühlingsvision

Imre Potyó

UNGARN

Als er am Ufer der Donau in einem Meer aus zarten Wien-Blausternen lag, deren Duft die Luft erfüllte, fühlte sich Imre in eine ferne Vergangenheit zurückversetzt. Es war am Anfang des Frühjahrs, die Vögel zwitscherten im flussnahen Wald. Erlen und Weiden waren noch nicht belaubt, aber schon mit Kätzchen geschmückt. Der Wien-Blaustern, das Wahrzeichen dieses schrumpfenden Habitats, wird zwischen 5 und 15 Zentimeter hoch und blüht nur etwa eine Woche lang. Imre besucht das Fleckchen in den Göder Flussauen im ungarischen Nationalpark Donau-Ipoly schon seit mehr als zehn Jahren, immer im Frühjahr. Er hatte bereits mehrere Ansätze verfolgt, um die Zerbrechlichkeit der Pflanze und die Stimmung des wiedererwachenden Waldes einzufangen, und experimentierte dieses Mal mit einer kamerainternen Doppelbelichtung. Er wählte eine weite Blende, fotografierte die Blütenblätter einer nahen Pflanze und stellte dann eine in der Entfernung scharf, wobei ihm das durch Wolken abgemilderte natürliche Licht dabei half, die Pastelltöne der Blumen besonders hervorzuheben.

Nikon D90, Nikon-Objektiv 50mm f1,8 und Zwischenring; 1/640 Sek. bei Blende 1,8; ISO 250.

Sommerliches Kornfeld

Joël Brunet

FRANKREICH

Mit Kornblume (»Bleuet de France«) und Klatschmohn gedenkt man in einigen Ländern Europas der Kriegsveteranen. Ein sommerliches Kornfeld, die natürliche Heimat beider Arten, ist jedoch heute ein seltener Anblick geworden. Im Gegensatz zu Wildblumenwiesen, die aus mehrjährigen, aus unterirdischen Wurzeln erwachsenden Pflanzen bestehen, finden sich auf Kornfeldern einjährige Pflanzen, die auf diesem bearbeiteten Boden nur einmal keimen, blühen und dann absterben. Der Rückgang von Kornblumen und Klatschmohn ging mit der Intensivierung und Modernisierung der Landwirtschaft im Laufe des vergangenen Jahrhunderts einher. In der Region Champdor-Corcelles im Osten Frankreichs hatte Joël einen altmodischen Bauernhof entdeckt, um den herum die Kornfelder noch blühten, und so kehrte er jedes Jahr wieder, um den Klatschmohn vor dem weichen, blauen Hintergrund der Kornblumen abzulichten. Für dieses Bild kletterte er auf das Dach seines Autos, um einen möglichst weiten Winkel zu bekommen, und benutzte die scharlachroten Mohnblüten, um den Betrachter durch das in der Morgensonne schimmernde Blau und Gold zu führen.

Canon EOS-5D Mark IV, Sigma-Objektiv 120–300mm f2,8 bei 180mm; 1/30 Sek. bei Blende 25; ISO 100.

Natur in der Stadt

SIEGER

Das Rat Pack

Charlie Hamilton James

GROSSBRITANNIEN

Auf der Pearl Street im New Yorker Stadtteil Lower Manhattan huschen Wanderratten zwischen ihrem Zuhause unter einem Baumschutzgitter und einem Haufen Müllsäcke voller Essensreste hin und her. Ihre Vorfahren kamen aus den Steppen Asiens hierher. Zuerst reisten sie mit Handeltreibenden nach Europa, später überquerten sie per Schiff den Atlantik. Heute steigen die Rattenpopulationen in den Städten rasant an. Die Nagetiere sind an ein urbanes Leben perfekt angepasst – sie können ausgezeichnet schwimmen, graben und springen, ihr viel geschmähter langer Schwanz verhilft ihnen zu einem ausgeprägten Gleichgewichtsgefühl. Außerdem sind die Tiere klug und finden sich selbst in komplexen Systemen wie der Kanalisation hervorragend zurecht. Die geselligen Nager begegnen einander sogar mit Empathie. Aus der Sicht des Menschen haftet ihnen das Odium an, Krankheiten zu übertragen. Versuche, ihre Ausbreitung einzudämmen, blieben bislang erfolglos. Ausrottungsversuche haben nur giftresistente Ratten hervorgebracht. Auch mit Trockeneis im Rattenbau, das ihren Fressfeinden nicht schadet, hat man es versucht, ebenso wie mit auf Ratten abgerichteten Hunden. Wiederum ohne Erfolg: Die Überlebenden vermehren sich munter weiter und fressen sich nächtens an allem satt, was sie in die Pfoten bekommen. Charlie leuchtete sein Bild, das die Tiere auf Augenhöhe zeigt, im Einklang mit den Straßenlampen aus und bediente die Kamera per Fernauslöser.

Sony α7R III, Sony-Objektiv 16–35mm f4 bei 24mm; 1/20 Sek. bei Blende 11; ISO 4000; Sony-Blitzlicht; PocketWizard-Auslöser.

Sofahocker

Cyril Ruoso

FRANKREICH

Nach einem wilden Versteckspiel ruht sich eine Gruppe junger Javaneraffen, auch Langschwanzmakaken oder Krabbenesser genannt, auf den Überresten eines Sofas aus. Ein nicht mehr genutztes Tempelgebäude in dem thailändischen Badeort Hua Hin dient ihnen als Spielwiese. Als Cyril Ruoso den Tempel betrat, fühlte er sich wie in einer Ausstellung zeitgenössischer Kunst. Das von den Affen arg ramponierte Sofa stand vor einer verschmutzten Wand, die Tiere selbst gaben sich auf dem Möbelstück dem Posen mit ihren stylishen Frisuren hin »wie Bandmitglieder für das Coverfoto ihres neuen Albums«. Javaneraffen sind ausgesprochen anpassungsfähig und breiten sich in einer ganzen Reihe von südostasiatischen Habitaten aus, oft auch in direkter Nachbarschaft zum Menschen. In Thailand, wo der Buddhismus die Hauptreligion ist, toleriert man die Makaken und verehrt sie sogar, insbesondere in der Nähe von Tempeln; gleichzeitig betrachtet man sie aber auch als Schädlinge. Cyril bückte sich, um einen besseren Blickwinkel inklusive Blick aus dem Fenster zu bekommen, und komponierte in aller Ruhe sein Bild – trotz der Störenfriede, die auf einer alten Buddhastatue, seinem Rucksack und seinem Kopf herumturnten.

Canon EOS-7D Mark II, Canon-Objektiv 16–35mm f2,8 bei 16mm; 1/200 Sek. bei Blende 9; ISO 1000; Canon-Speedlite-580EX-Blitzlicht.

Wie gerufen

Jason Bantle

KANADA

Auf einer verlassenen Farm in der kanadischen Provinz Saskatchewan steckt ein Mitglied der Familie der Kleinbären den Kopf durch die Windschutzscheibe eines Autowracks. Waschbären sind überaus anpassungsfähig. Auf dem Rücksitz des Ford Pinto aus den Siebzigerjahren piepsen die fünf verspielten Jungen der Waschbärin vor Aufregung. Auch Jason in seinem nahen Versteck war aufgeregt, hatte er doch mehrere Sommer nacheinander auf diese Chance gewartet. Der einzige Zugang zum Wageninneren führte durch ein kleines, nicht scharfkantiges Loch in der Windschutzscheibe, das für einen Kojoten, den Hauptfressfeind von Waschbären in dieser Gegend, nicht groß genug war. Deshalb hatte die Mutter wohl auch diesen Ort zur Aufzucht ihrer Jungen ausgesucht. An diesem Abend hielt sie zum Sondieren der Umgebung nur einen Augenblick im Loch inne, doch der kurze Moment reichte Jason für sein lang ersehntes Bild, für das er in der Dämmerung eine lange Belichtung wählte. Dann quetschte sich die Waschbärin durch die Öffnung, um die Nacht mit der Suche nach Nahrung – Früchte, Nüsse, Eier, Wirbellose und kleine Wirbeltiere – zu verbringen.

Nikon D810, Nikon-Objektiv 70–200mm f2,8 bei 145mm und Polarisationsfilter; 0,4 Sek. bei Blende 2,8 (–0,7 e/v); ISO 800; Fernauslöser; Gitzo-Stativ und Wimberley-Stativkopf.

Im Rahmen

Florian Smit

DEUTSCHLAND

Als Florian Smit wieder einmal dieses leer stehende Haus in der Nähe der niedersächsischen Stadt Osterholz-Scharmbeck aufsuchte – der Fotograf war als Teenager oft dort gewesen –, fand er die Fenster zerbrochen und die Tür offen. Durch die war die Natur ins Haus eingezogen. Der Fotograf war neugierig, was sich dort nachts so tat, und verteilte mehrere Wildkameras im Haus. Bei der Auswertung stellte er fest, dass sich einige Wanderratten dort anscheinend richtig wie zu Hause fühlten. Und schon hatte Florian den Kopf voller Ideen, wie er die Tiere in ihrer etwas gruseligen Umgebung perfekt in Szene setzen könnte. Für dieses Bild richtete er das Objektiv der Kamera durch ein kaputtes Fenster ins Innere des Hauses und beleuchtete das Ganze mit drei Blitzlichtern: Eines befand sich neben der Kamera, eines nach draußen weisend im Haus und eines beleuchtete das Fenster von außen. Die Ratte selbst betätigte den Auslöser und ist als bucklige Silhouette vor einem unheimlichen blauen Hintergrund zu sehen.

Nikon D750, Nikon-Objektiv 50mm f1,8; 1/40 Sek. bei Blende 3,5 (+1 e/v); ISO 64; drei Nikon-SB-28-Blitzlichter; PIR-Bewegungsmelder; Gitzo-Stativ.

Lebensraum Erde

SIEGER

Schöpfung

Luis Vilariño

SPANIEN

Rot glühende Lavazungen wälzen sich in den Pazifik und lassen gewaltige Wolken einer giftigen Mischung aus ätzendem Dampf und feinen Glaspartikeln aufsteigen. Seit 200 Jahren war dies der größte Ausbruch des Kīlauea auf der hawaiianischen Big Island, einem der aktivsten Vulkane der Welt. Anfang Mai 2018 begann Lava aus 24 Spalten im östlichen Grabenbruch zu quellen. Innerhalb weniger Tage hatte die rasch fließende Lava den Pazifik an der Südostküste der Insel erreicht und ein riesiges Delta von Neuland geschaffen. Die Lava floss noch drei Monate weiter. Als Luis die Genehmigung erhalten hatte, das Gebiet per Helikopter zu überfliegen, erstreckte sich das neue Land von der Küste aus bereits über mehr als 1,6 Kilometer. Er hatte nur wenig Zeit, der Hubschrauber durfte maximal 1000 Meter tief fliegen. Ganze Schwaden giftiger Dämpfe erfüllten die Luft. Luis war am späten Nachmittag unterwegs, damit das Licht seitlich auf Umriss und Struktur der Wolken fiel. Die Küste war in dichten Dampf eingehüllt, doch in der Abenddämmerung änderte sich plötzlich die Windrichtung und die ätzenden Schwaden gaben den Blick auf die Lavalagunen und -flüsse frei. Luis fotografierte zur offenen Hubschraubertür heraus und hielt die Kollisionsgrenze zwischen geschmolzenem Gestein und Wasser sowie das Entstehen von neuem Land fest.

Sony α7R III, Sony-Objektiv 100–400mm f4,5–5,6 bei 196mm; 1/4000 Sek. bei Blende 5,6; ISO 800.

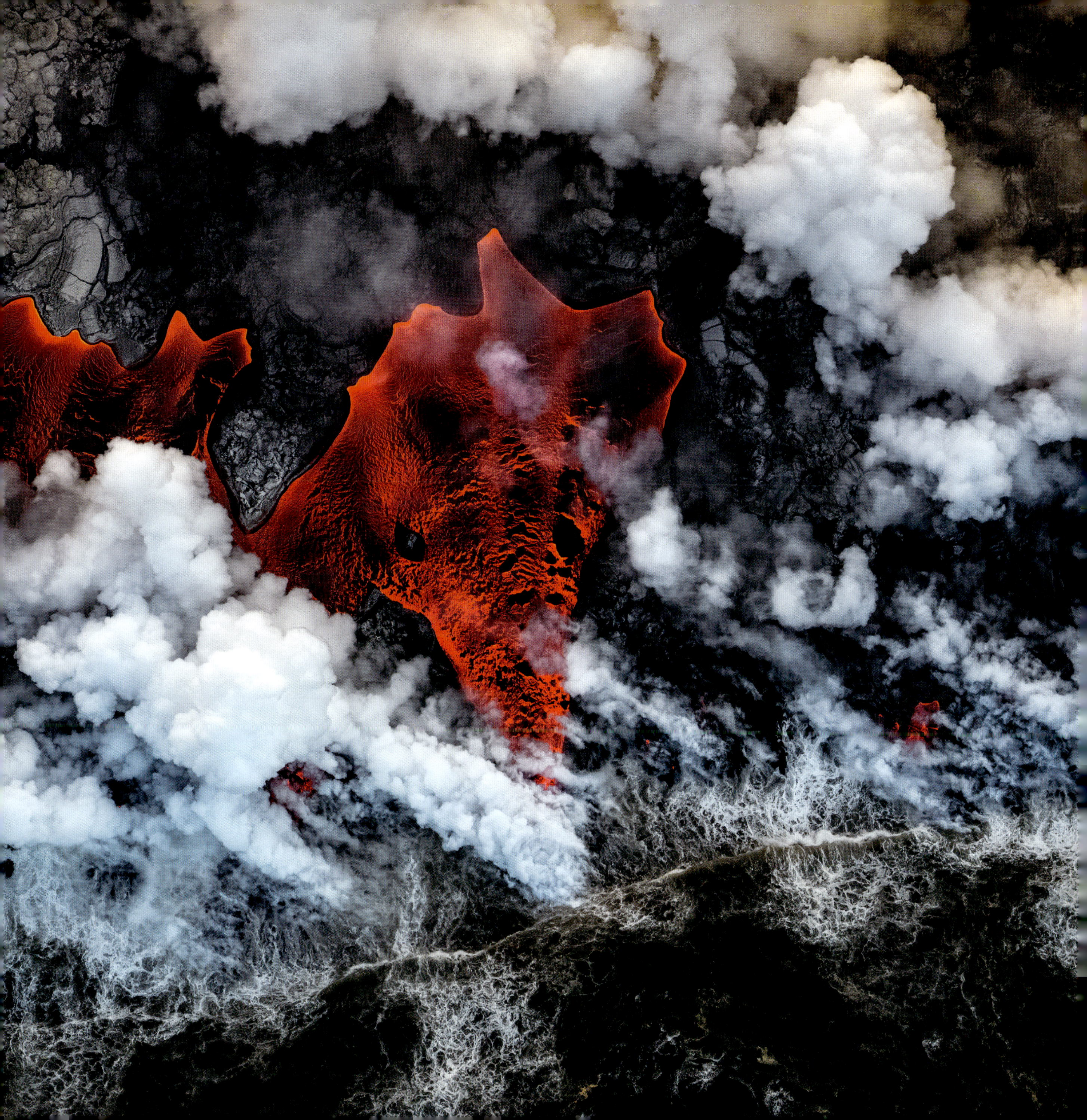

Die »Kreidefelsen« von Iturup

Alexey Kharitonov

RUSSLAND

Alexey flog seine Drohne an der abgeschiedenen Ostküste von Iturup, einer Insel des Kurilen-Archipels im Fernen Osten Russlands, entlang und war von der unberührten Landschaft, die sich auf seinem Monitor zeigte, ungeheuer beeindruckt. Vulkanischer Sand erstreckte sich bis zum nebelverhüllten Horizont, die steilen weißen Klippen waren von einem Teppich aus Kurilen-Zwergbambus bedeckt, der nördlichsten Bambusart der Welt. Die unverwechselbaren Klippen aus weichem Bimsstein, die von einem Vulkanausbruch in grauer Vorzeit stammen und seitdem von Regen und Wind geformt wurden, sind von zahlreichen kleinen Flüssen durchzogen und säumen die Küste zu beiden Seiten der Landenge zwischen dem wärmeren Ochotskischen Meer im Westen und dem Pazifik im Osten. Iturup, seit Ende des Zweiten Weltkriegs unter russischer Verwaltung, ist die größte Insel des Kurilen-Archipels, der in einem weiten Bogen von der russischen Halbinsel Kamtschatka bis zur japanischen Insel Hokkaido verläuft. Alexey bereiste die weniger zugängliche pazifische Seite des Vetrovoy-Isthmus, wo es keine Straßen gibt, sowie die Küste am Kap Konakova, um die »wilde Schönheit und Einzigartigkeit« der Insellandschaft einzufangen. Darüber, wann er seine Drohne fliegen konnte, bestimmte das unberechenbare Wetter, genauer gesagt vom Oyashio, einer kalten Meeresströmung, hervorgerufene Wolken und Nebel. Nach mehreren Anläufen und im Kampf gegen den Wind konnte Alexey schließlich das Foto machen, das er sich vorgestellt hatte und das den Kontrast zwischen Farbe und Struktur der Landschaft besonders hervorhebt.

DJI-Mavic-Pro-Drohne, DJI-Mavic-Pro-Objektiv 26mm f2,2; 1/3200 Sek. bei Blende 2,2; ISO 100.

Himmelsloch

Sven Začek

ESTLAND

Nachdem Sven mehrere Jahre lang den Nationalpark Karula in Estland erkundet hatte, entdeckte er tief in einem Wald diesen außergewöhnlich kreisförmigen See. Dammbauten von Bibern hatten zum Anstieg des Wasserspiegels in der Gegend geführt und die Bäume um das seltsame Wasserloch herum ertränkt, das nunmehr von einem Ring aus Moosen und Farnen umgeben war. Weil Sven den sich im See spiegelnden Himmel zum Zentrum seines Bildes machen wollte, positionierte er seine Drohne direkt über dem See und wartete darauf, dass die Sonne herauskam. Allerdings wehte ein heftiger Wind, der die Wolken rasch über den Himmel trieb, und irgendwann ging der Drohne die Energie aus. Nachdem der Fotograf sie neu gestartet hatte, stellte sich der Erfolg am späteren Nachmittag ein, als die Sonne den See und die umgebenden Kiefern und Fichten schließlich doch noch kurz in ein strahlendes Licht tauchte. Urwälder bedecken 70 Prozent des Parks, der von Sümpfen, Mooren und 40 großen Seen durchzogen ist. Deshalb ist der südliche Teil Karulas bis heute eine Wildnis geblieben, die Habichten, Luchsen, Wölfen, Bären und Bibern eine Heimat bietet.

DJI-Phantom-4-Pro-Drohne, DJI-Phantom-4-Pro-Objektiv 8,8mm; 1/100 Sek. bei Blende 4,5; ISO 100.

Nadeln aus Schnee und Eis

Roberto Zanette

ITALIEN

Roberto lebt in Auronzo di Cadore in der italienischen Provinz Belluno ganz in der Nähe des spektakulären Dolomitenmassivs Croda dei Toni, zu Deutsch Zwölferkofel. Er hatte die Gebirgslandschaft im Winter schon viele Male fotografiert, doch an diesem speziellen Morgen, als die Wolken den Blick auf die Berge vorübergehend freigaben, bot sich ihm ein ungewohntes Bild. Bei flüchtiger Betrachtung war die Cima d'Auronzo, einer der Gipfel, nach dem Schneesturm am Vortag lediglich von Neuschnee bedeckt. Roberto aber sah sofort, dass der Schnee nicht nur ganz oben auf den Gipfeln gefallen war, sondern auch auf einigen der vertikalen Flächen sowie – höchst ungewöhnlich – auf einigen der nach unten weisenden Hänge. Letzteres kann man gut an dem großen, blockförmigen Gipfel links erkennen. Damit dies möglich wird, sind drei Wetterphänomene zur gleichen Zeit erforderlich: Es muss mehrere Tage lang sehr kalt sein, es muss stark geschneit haben und es muss ein heftiger Wind wehen. Unter diesen Bedingungen liegt die Temperatur an den Felsen in großer Höhe sehr niedrig. Wenn dann Schnee fällt, schleudert der Wind ihn gegen alle Flächen der Felswände, wo er augenblicklich gefriert. »Anschließend trocknet der Wind den Schnee, sodass er wie Mörtel haften bleibt«, erläutert Roberto. Und an diesem Morgen verlieh das Licht der atemberaubenden Szene den letzten Schliff.

Nikon D3S, Nikon-Objektiv 80–200mm f2,8 bei 155mm und Polarisationsfilter; 1/400 Sek. bei Blende 8; ISO 200.

Naturfotojournalist des Jahres: Einzelfoto

SIEGER

Migrant hinter Gittern

Alejandro Prieto

MEXIKO

Unter dem sternenübersäten Nachthimmel von Arizona wirft ein Projektor das riesige Bild eines männlichen Jaguars auf einen Abschnitt des Grenzzauns zwischen den USA und Mexiko – ein Symbol, findet Alejandro, »der Vergangenheit und Zukunft der Großkatze in den Vereinigten Staaten«. Mittlerweile ist die letzte Bastion der Tiere das Amazonasgebiet, früher aber war der Jaguar bis in den Südwesten der USA hinein verbreitet. Im Laufe des vergangenen Jahrhunderts wurde die Spezies durch Bejagung – die verboten ist, seit die Art 1997 unter Schutz gestellt wurde – und Zerstörung des Lebensraums in den USA praktisch ausgerottet. Heute weiß man im Grenzgebiet zwischen New Mexico und Arizona nur noch von zwei Jaguarmännchen, die wahrscheinlich aus Reservaten im Nordwesten Mexikos stammen. Von einem Weibchen weiß man nichts – das letzte sicher identifizierte schoss ein Jäger in Arizona 1963. Daher hängt jede Hoffnung auf eine neue Population davon ab, ob die umstrittene Grenze zwischen den beiden Ländern zumindest teilweise offen bleibt. Eine passierbare Grenze ist auch für viele andere bedrohte Arten entscheidend, etwa den Sonora-Ozelot oder Migranten wie den Sonora-Gabelbock. Das auf den Grenzzaun projizierte Bild zeigt einen mexikanischen Jaguar, den Alejandro mit einer Kamerafalle beidseits der Grenze fotografierte und den er mehr als zwei Jahre lang beobachtete. Mit seinem Bild will der Fotograf darauf aufmerksam machen, dass sich Präsident Trumps Pläne, zwischen den USA und Mexiko eine unüberwindbare Mauer zu errichten, auch auf viele Tiere auswirken und das Schicksal des Jaguars in den USA besiegeln würden.

Nikon D850, Sigma-Objektiv 14–24mm f2,8 bei 16mm; 30 Sek. bei Blende 2,8; ISO 1600; Fernauslöser; Gitzo-Stativ; Epson-Projektor.

Billigware

Joan de la Malla

SPANIEN

Das zu Tode geängstigte Javaneraffenbaby schreit markerschütternd. Panisch tritt es um sich und versucht, sich aus der Hand des Verkäufers zu winden, die sich fest um seinen Hals geschlossen hat. Im Hintergrund stehen in engen, schmutzigen Käfigen auf dem Vogelmarkt von Surabaya auf der indonesischen Insel Java weitere Makakenbabys zum Verkauf. Jedes Jahr werden unzählige von ihnen illegal in freier Wildbahn gefangen – meist kostet dies die Eltern, die ihre Kinder beschützen wollen, das Leben – und auf Märkten in ganz Indonesien für weniger als 20 Dollar angeboten, entweder als Haustiere oder Straßenbespaßung für Passanten. Javaneraffen gehören nicht zu den bedrohten Arten, zu Tausenden werden sie auch legal für Tierversuche gehandelt. Für den Haustierhandel ist das Fangen und Transportieren der Primaten zwar verboten – das Verkaufen auf einem Markt hingegen nicht. Tierschutzorganisationen arbeiten verstärkt daran, die Gesetzgebung zu verschärfen und auch den Verkauf der Tiere unter Strafe stellen zu lassen.

Nikon D810, Nikon-Objektiv 24–70mm f2,8 bei 24mm; 1/160 Sek. bei Blende 2,8; ISO 72.

Strandabfall

Matthew Ware

USA

Aus der Ferne wirkte die Strandszene im Bon Secour National Wildlife Refuge in Alabama idyllisch: blauer Himmel, weicher Sand und eine Atlantik-Bastardschildkröte. Doch als Matthew und die Strandpatrouille näher kamen, sahen sie um den Hals der Schildkröte die tödliche Schlinge, deren anderes Ende an einem kaputten und an den Strand gespülten Liegestuhl befestigt war. Die Atlantik-Bastardschildkröte ist mit 65 Zentimetern Länge nicht nur eine der kleinsten Meeresschildkröten, die es gibt, sie ist auch die am stärksten bedrohte. In den vergangenen 50 Jahren hat vor allem der Mensch die Bestände erheblich dezimiert, sei es durch den Verzehr der Eier und des Fleischs oder den Beifang in Fischernetzen. Daran hat sich trotz des Schutzes der Niststrände an der Westküste des Golfs von Mexiko und vorgeschriebener Sicherheitsnetze bis heute nicht viel geändert. Und wie Matthew bei seinen täglichen Kontrollgängen am Strand immer wieder feststellt, droht den Tieren eine neue Gefahr: Sie werden durch den Abfall, der sich im Meer ansammelt, verletzt oder getötet.

Canon EOS-700D, Canon-Objektiv 18–55mm f3,5–5,6 bei 18mm; 1/1250 Sek. bei Blende 4,5; ISO 100.

Berührendes Vertrauen

Thomas P. Peschak

DEUTSCHLAND/SÜDAFRIKA

Ein neugieriger junger Grauwal nähert sich den Händen, die von einem Touristenboot aus ins Wasser gestreckt werden. In der Lagune San Ignacio an der Küste des mexikanischen Bundesstaats Baja California suchen Babygrauwale und ihre Mütter aktiv Kontakt zu Menschen, um sich am Kopf kratzen oder den Rücken kraulen zu lassen. Gemeinsam mit zwei weiteren umfasst die Lagune eine Grauwalkinderstube sowie ein Schutzgebiet für die Tiere – ein wichtiges Winterrevier für die Population aus dem östlichen Nordpazifik. Der Walfang hat die westliche Grauwalpopulation an den Rand des Aussterbens gebracht und die aus dem Nordatlantik ganz ausgelöscht. Möglicherweise hat Verfolgung auch zum aggressiven Verhalten der Tiere Booten gegenüber geführt und in San Ignacio zu einer seit Langem bestehenden Angst der dort ansässigen Fischer vor Walen. In den Siebzigerjahren aber wendete sich das Blatt, als sich ein junger Wal einem Fischer näherte und dieser sich traute, die Hand auszustrecken und das Tier zu berühren. Allmählich entstand ein gegenseitiges Vertrauen, und heute ermuntern die Walmütter ihre Kälber regelrecht dazu, mit Menschen in Kontakt zu treten. Zudem verdienen die Fischer im Winter mit Walbeobachtungsausflügen Geld – ein wichtiges Einkommen angesichts schwindender Fischbestände. In der Lagune San Ignacio, die zum Welterbe der UNESCO gehört, wird die Walbeobachtung streng überwacht: Die Anzahl der Boote ist beschränkt, im Winter darf nicht gefischt werden und Interaktion zwischen Mensch und Wal findet nur statt, wenn die Wale dies wollen. Erst vor ein paar Jahren hat die Gemeinde außerdem einen langwierigen Rechtsstreit gewonnen und die Errichtung einer Salzgewinnungsanlage in der Lagune verhindert. Für Thomas, Biologe und alter Hase auf dem Gebiet der Unterwasserfotografie, war ein Wal, der gestreichelt werden wollte und so nah war, dass er ihn nicht scharf stellen konnte, auch etwas Neues. In diesem Schutzgebiet sind es eben die wilden Tiere, die den Ton angeben.

Nikon D3S, Nikon-Objektiv 16mm f2,8; 1/400 Sek. bei Blende 9; ISO 1250; Subal-Unterwassergehäuse.

Widerliche Delikatesse

Bence Máté

UNGARN

Dieses Bild zeigt kein Massenablaichen, sondern das barbarische Nebenprodukt des Froschschenkelverzehrs. Den Grasfröschen, darunter auch einigen Erdkröten, von denen sich manche noch an den Partner klammern, wurden die Hinterbeine abgeschnitten. Dann warf man sie ins Wasser zum Laich zurück, wo sie einen langsamen und qualvollen Tod starben. Bence stieß bei einer Reise durch die rumänischen Karpaten auf die entsetzliche Szene und erfuhr später, dass man die Tiere bevorzugt zur Laichzeit jagt, einerseits für die Küche und andererseits für den Handel. Die Grausamkeit schockierte ihn am meisten, aber auch der Schaden für die einheimischen Froschpopulationen ist enorm. Froschschenkel gelten in Europa und weltweit, etwa in den USA und Asien, besonders in China, als Delikatesse. Schätzungsweise eine Milliarde wild lebender und gezüchteter Frösche werden jährlich getötet, um der Nachfrage gerecht zu werden. Einer der Hauptimporteure – neben den USA, Belgien und den Niederlanden – ist noch immer Frankreich; dort wurde das kommerzielle Fangen der Tiere 1980 zwar verboten, doch werden Froschschenkel aus Ländern mit weniger strikten Bestimmungen, darunter vor allem Indonesien, weiterhin im großen Maßstab eingeführt.

Panasonic Lumix DC-G9, Panasonic-Objektiv 12–60mm f2,8–4,0; 1/200 Sek. bei Blende 6,3; ISO 1000.

Schandmal

Jo-Anne McArthur

KANADA

An einer weißen Wand hängen Häute von Texas-Klapperschlangen. Umgeben sind sie von signierten blutigen Handabdrücken – die stolzen Abzeichen derjenigen, die die Schlangen während des jährlichen viertägigen Klapperschlangenfestivals im texanischen Sweetwater gehäutet haben. Dafür werden jedes Jahr Zigtausende der Tiere gefangen. Im Frühjahr treiben sie Cowboys mit Benzin aus ihren Winterquartieren, eine Praxis, die in vielen US-Bundesstaaten mittlerweile verboten ist. Dann werden die Schlangen unter erbärmlichen Bedingungen gehalten und zur Zeit des Festivals in Gruben geworfen. Schließlich schlägt man ihnen zur Belustigung der Festivalbesucher, die dafür bezahlen, eine Schlange häuten zu dürfen, den Kopf ab. Befürworter der Veranstaltung behaupten, sie sei wichtig, um die Populationen giftiger Schlangen unter Kontrolle zu bringen und so die Sicherheit von Menschen sowie Haus- und Nutztieren gewährleisten zu können. Die Gegner halten das Festival für ökologisch schädlich, nicht nachhaltig und ausgesprochen grausam. Was Jo-Anne am meisten verstörte, als sie ihr Foto machte, war die Tatsache, dass »viele der Handabdrücke von Kindern stammten«.

Nikon D800, Nikon-Objektiv 17–35mm f2,8; 1/250 Sek. bei Blende 3,2 (+0,3 e/v); ISO 2000.

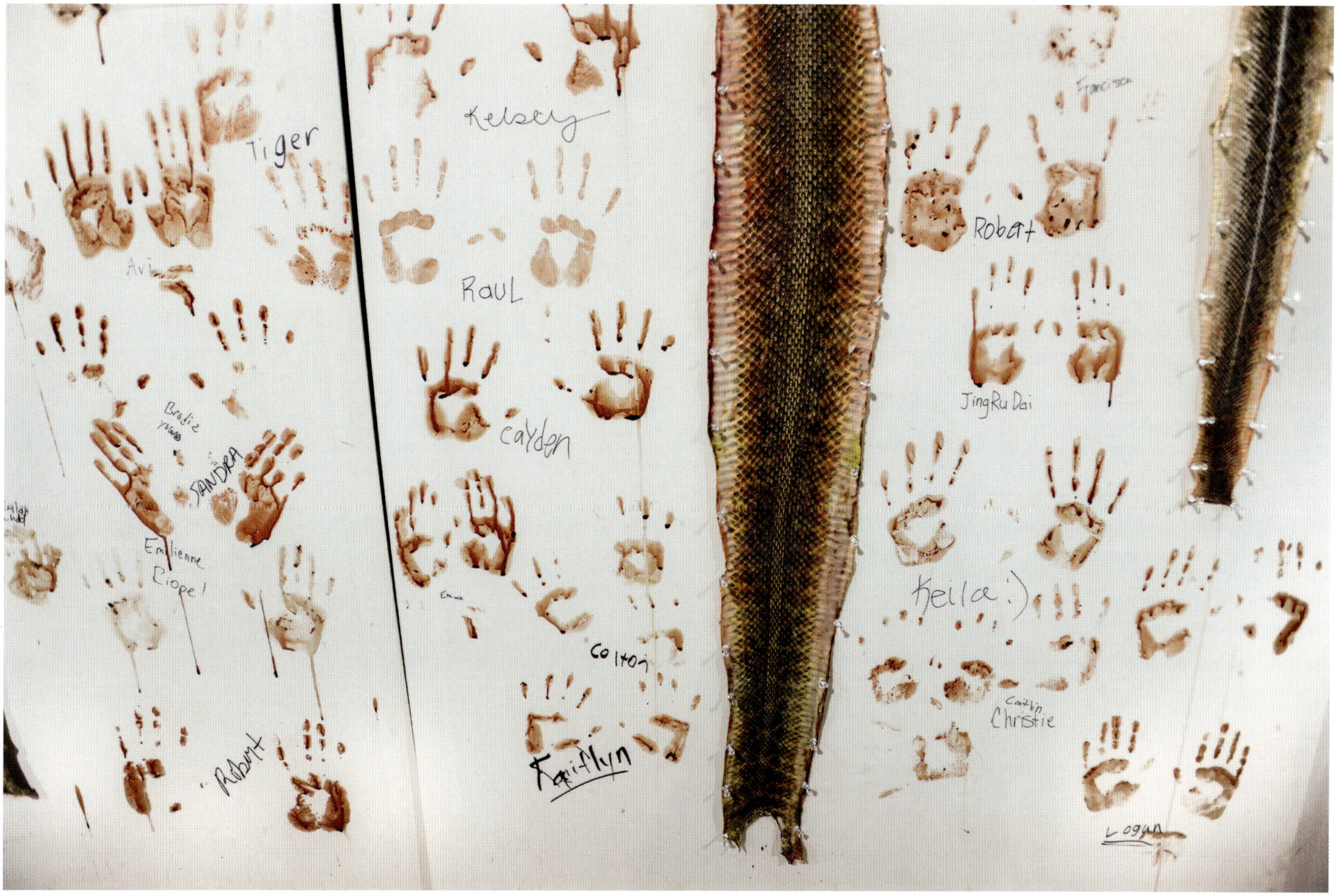

Kein Einzelschicksal

Justin Gilligan

AUSTRALIEN

Ein von einem Auto überfahrenes Rotes Riesenkänguru liegt im Outback des Bundesstaats Westaustralien mitten auf der Straße. Am Rand des Asphalts sieht man die für die umgebende Landschaft typische rote Erde. Ungeachtet der Tatsache, dass Kängurus zu den Wappentieren Australiens gehören, gelten sie weithin als Schädlinge: Die Farmer machen die »Roos« vor allem in Dürrezeiten für Ernteschäden verantwortlich und sehen sie als Konkurrenz zu Nutztieren – insbesondere für die rund 70 Millionen Schafe. Die größten Arten, Rotes und Graues Riesenkänguru sowie Bergkänguru, werden ihres Fleischs und Fells wegen kommerziell bejagt. Die jährlichen Jagdquoten belaufen sich auf 15 bis 20 Prozent der geschätzten 20 bis 55 Millionen Tiere (die Bestände variieren je nach Dürrezeiten erheblich). So scheinen die zigtausend Kängurus, die jährlich auf der Straße ums Leben kommen – die meisten der rund 20 000 gemeldeten Kollisionen mit Tieren betreffen die Beutelsäuger –, kaum eine Rolle zu spielen. Ihr Leid hingegen kann nicht beziffert werden. Nicht alle Kängurus sterben sofort nach dem Aufprall auf ein Auto, und auch das Junge, das ein Weibchen möglicherweise im Beutel hat, stirbt einen langsamen Tod. Auf seiner langen Fahrt zwischen Perth und der Shark Bay traf Justin auf unzählige Unfallopfer, neben Kängurus auch auf Kakadus und Emus. Doch bei diesem Roten Riesenkänguru, das da wie im Sprung mitten auf der Straße lag, musste er einfach anhalten. Er flog seine Drohne sehr hoch, um die rote Erde zu beiden Seiten der Straße mit aufs Bild zu bekommen, und markierte mit der Mittellinie auch die Mitte des Fotos. So schuf er ein beinahe abstraktes Bild, das dem Betrachter die Tragödie dieses speziellen Tierschicksals doch noch näherbringt.

DJI-Phantom-4-Pro-Drohne, DJI-Phantom-4-Pro-Objektiv 24mm; 1/2000 Sek. bei Blende 4; ISO 100.

Das Ende eines Löwen

Charlie Hamilton James

GROSSBRITANNIEN

Ranger schaffen den Kadaver eines jungen männlichen Löwen, der in der Masai Mara in Kenia vergiftet wurde, fort, um ihn zur Autopsie zu bringen. Er hatte dem berühmten, durch die BBC-Serie *Big Cat Diary* verewigten Marsh-Rudel angehört. Nachdem das Rudel mehrere Rinder getötet hatte, legten die Masai-Hirten einen Köder aus, den sie mit dem Insektizid Carbosulfan gespickt hatten. Zwei Löwinnen starben, eine unmittelbar, die andere konnte sich, geschwächt wie sie war, nicht gegen angreifende Hyänen wehren. Das Männchen, Alan, ebenfalls extrem geschwächt, wurde von einer Büffelherde niedergetrampelt; Dr. Limo – der Tierarzt des Kenya Wildlife Service und des David Sheldrick Wildlife Trust ist im Hintergrund des Bildes zu sehen – entschied, dass Alans Verletzungen zu schwerwiegend waren, und schläferte ihn ein. Seit 2015 gab es weitere Vergiftungen als Vergeltungsmaßnahmen, während die Konflikte zwischen Mensch und Tier weiter zunehmen (Kenias Bevölkerung wird sich bis 2050 annähernd verdoppeln). Ein Hoffnungsschimmer geht von Tierschutzprojekten einzelner Gemeinden aus, doch von den etwa 20 000 Löwen, die es vor 50 Jahren noch in Kenia gab, sind mittlerweile nur mehr 2000 übrig.

Canon EOS-1D X, Canon-Objektiv 24–105mm f4 bei 24mm; 1/500 Sek. bei Blende 14; ISO 1600.

Unterbrochener Kahlschlag

Joris van Alphen

NIEDERLANDE

Eine Lücke im Baumkronendach des Białowieża-Urwaldes gibt den Blick auf eine Sammelstelle für kommerziell gefällte Bäume frei. Die für ihre Mischung aus verschiedenen Baumarten berühmte Welterbestätte der UNESCO, die sich an der Grenze zwischen Polen und Weißrussland erstreckt, ist der größte überlebende und am besten erhaltene Urwald auf dem gesamten europäischen Festland. Im Jahr 2015 aber begann das Forstamt der polnischen Regierung unter dem Vorwand, damit den Ausbruch einer Buchdrucker-Plage bekämpfen zu wollen, mit der Rodung großer Flächen, ungeachtet der Anordnung des Europäischen Gerichtshofs, dies zu unterlassen. Ökologen werten einen solchen Befall als Teil des natürlichen Systems und die Totholzareale wiederum als eigenständiges Habitat. Joris trotzte dem Journalistenverbot und machte Aufnahmen mit seiner Drohne, die beweisen, dass das kommerzielle Abholzen in geschützten Gebieten erfolgte – eine Tatsache, die von der polnischen Regierung geleugnet wurde. Das Roden endete 2018, als der Europäische Gerichtshof mit drastischen Strafen drohte. Dennoch bleibt die Unsicherheit, ob damit die Abholzpläne wirklich endgültig vom Tisch sind.

DJI-Mavic-Pro-Drohne, DJI-Mavic-Pro-Objektiv 26mm f2,2; 1/30 Sek.; ISO 100.

Naturfotojournalist des Jahres

In dieser Kategorie besteht die Aufgabe darin, eine Geschichte in nur sechs Bildern zu erzählen. Die sechs Fotos werden zum einen aufgrund ihrer Aussagekraft als Serie und zum anderen aufgrund ihrer individuellen Qualität bewertet.

SIEGER

Jasper Doest

NIEDERLANDE

UNHEILIGE HEILIGE

Die Bilder sind Teil eines langfristigen Fotoprojekts, das die komplexe Beziehung der Japaner zu ihren Primatennachbarn illustriert. Einst galten die Japanmakaken als heilige Mittler zwischen Menschen und Göttern, heute stehen sie einerseits gesetzlich unter Schutz, andererseits werden sie als Schädlinge verfolgt. In freier Wildbahn sind die »Schneeaffen« eine Touristenattraktion, in der Unterhaltungsbranche werden sie als Karikaturen des Menschen gnadenlos ausgebeutet.

Zeit für die Show

In den vergangenen 17 Jahren hat Riku, ein legal in freier Wildbahn gefangener Japanmakak, dreimal täglich vor großem Publikum im Nikkō-Saru-Gundan-Theater nördlich von Tokio Sketche gespielt. Die außerordentlich beliebten Shows, die Einheimische und Touristen gleichermaßen anziehen, sind Abkömmlinge des Sarumawashi – des »Affentanzes« –, einer traditionellen japanischen Darbietungskunst, die es seit mehr als 1000 Jahren gibt. Der Reiz der modernen Shows liegt in der menschenähnlichen Erscheinung der abgerichteten Affen, die sich im Kostüm auf zwei Beinen auf der Bühne bewegen und alberne Rollenspiele mit ihrem menschlichen Trainer vorführen. Da das Fotografieren während der Show verboten ist, brauchte Jasper sehr lange, um die Erlaubnis für seine Fotos zu bekommen. Als er Riku und seinem Trainer – hier mit Kilt – bei der Arbeit zusah, war Jasper einerseits beeindruckt; andererseits fühlte er sich aber auch von der Tatsache abgestoßen, dass ein so intelligentes Tier, das einst als heilig galt, nun für ein paar Lacher gedemütigt wird. 2018 ging Riku in den Ruhestand.

Canon EOS-5D Mark IV, Canon-Objektiv 24–70mm f2,8; 1/160 Sek. bei Blende 10 (–1,7 e/v); ISO 2000.

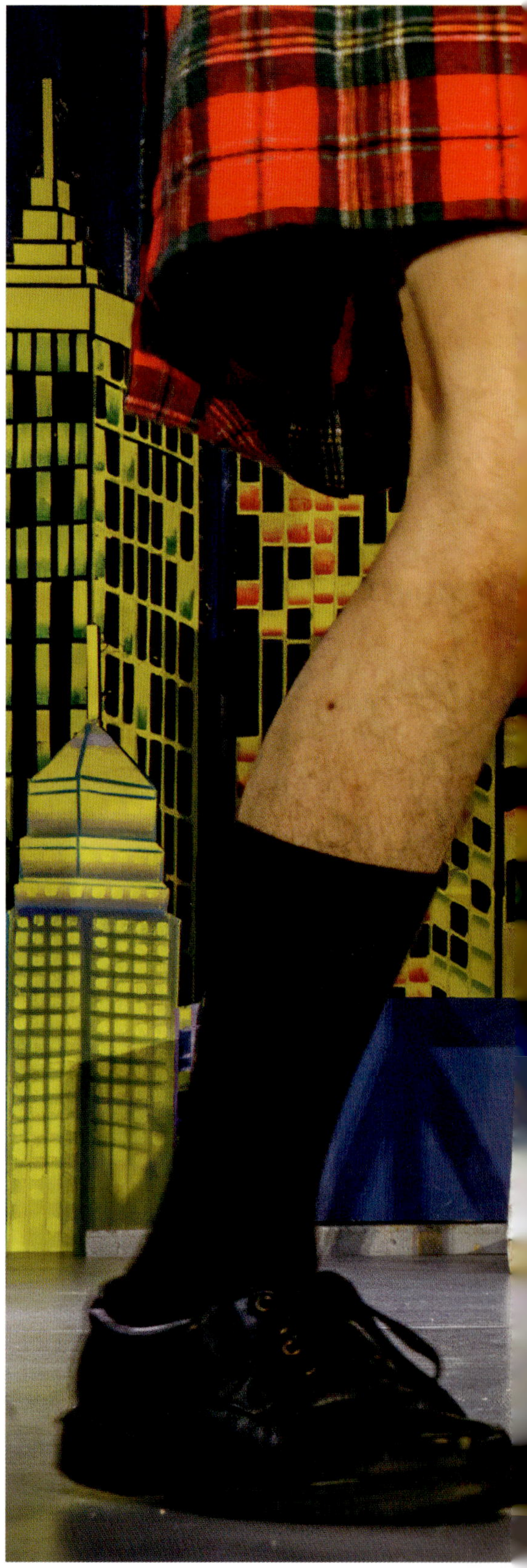

Zeit zum Baden

Nach einem langen Tag sitzt Trainerin Chiemi Shiina mit ihren Babymakaken in einer kleinen Badewanne. Die Affen hatte man drei Monate zuvor im Hagachizaki Wild Monkey Park eingefangen, angeblich wegen der überschießenden Makakenpopulation dort. Jasper, der Chiemi und ihre Gruppe abgerichteter Affen einige Tage lang begleitete, war überrascht, als sie mit ihren Schützlingen in die Wanne stieg. Der Fotograf hält nichts davon, wild lebende Makaken einzufangen und abzurichten. Während seiner Zeit mit dieser Gruppe erlebte er aber auch, wie empathisch die Beziehung zwischen traditionellem Trainer und Tier sein kann. Die Affen werden liebevoll, wie Kinder, behandelt – im Gegensatz zur Vorgehensweise nicht traditioneller Trainer, die lediglich die Zweckmäßigkeit der Tiere fürs Geschäft im Auge haben. Die Babymakaken in der Wanne erinnerten Jasper an die »Schneeaffen«, die er in den heißen Quellen in den Bergen Japans fotografiert hatte.

Canon EOS-1D X Mark II, Canon-Objektiv 16–35mm f2,8; 1/20 Sek. bei Blende 11; ISO 6400; Profoto-B1-Blitzlicht.

Zeit zur Animation

Der Kneipeninhaber Kaoru Otsuka schaltet auf rote Beleuchtung um und ruft: »Sexy time!«. Aufs Stichwort legt sich die 17-jährige Fuku-chan auf den Boden und berührt sich anzüglich an der Windel zwischen ihren Beinen. Das kleine, dunkle Hinterzimmer der Taverne Kayabuki in Utsunomiya, einer Stadt nördlich von Tokio, hallt vom Gegröle und Gelächter der Zuschauer wider, die Bier von Affen in karierten Kostümen serviert bekommen. Nachdem Jasper Otsuka erzählt hatte, dass er an einer Geschichte zur Beziehung zwischen Mensch und Tier arbeitete, erhielt er mit seiner Kamera erstaunlich schnell Zugang zur Kneipe. Den Inhaber erfüllte es mit Stolz, dass Jasper sich für seine geliebten Makaken interessierte. Der Fotograf empfand es wiederum als unangenehm und verstörend, Fuku-chan bei ihrer Performance unter dem Gejohle des Publikums abzulichten. »Das Bild will mir nicht mehr aus dem Kopf. Es fällt mir auch heute noch schwer, es anzusehen.«

Canon EOS-5D Mark III, Canon-Objektiv 24–70mm f2,8; 1/125 Sek. bei Blende 2,8; ISO 3200.

Zeit für Fotos

Kneipeninhaber Kaoru Otsuka und seine Frau sehen dabei zu, wie ein junges Mädchen für ein Foto mit einigen der in der Taverne lebenden Makaken posiert. Jasper besuchte die Kneipe an mehreren Abenden und beobachtete die vielfältigen Unterhaltungseinlagen der abgerichteten Affen. Manchmal verkörperten sie berühmte Persönlichkeiten, wobei die Tiere Pappmachémasken trugen, manchmal mussten sie mit Besuchern posieren, die 1000 Yen – umgerechnet etwas mehr als acht Euro – für einen Schnappschuss oder ein Selfie mit den Primaten zahlten. Es gibt regionale Gesetze in Japan, die es erlauben, Affen zu Unterhaltungszwecken zu halten, wenngleich japanische Tierrechtsbestimmungen die Arbeitszeit der Tiere auf zwei Stunden pro Tag beschränken.
Da die Affenshows in seiner Kneipe immer beliebter werden – nicht zuletzt sicherlich aufgrund des Filmmaterials, das auf den Social-Media-Kanälen geteilt wird –, plant Otsuka, weitere Makaken abzurichten, um noch mehr Kunden in seinen Laden zu locken.

Canon EOS-5D Mark III, Canon-Objektiv 24–70mm f2,8; 1/125 Sek. bei Blende 2,8; ISO 3200.

Zeit zum Füttern

Toshikazu Nobuhara, der Leiter des Awajishima Monkey Center auf der japanischen Insel Awaji-shima, verteilt während des täglichen Fütterrituals der Station säckeweise Orangen an eine große Gruppe wild lebender Makaken. Die Einrichtung wurde in den Sechzigerjahren als einer von mehreren Affenparks gegründet. Deren Ziel war es, die durch Bejagung stark dezimierte Japanmakaken-Population zu stabilisieren und die Tiere möglichst von menschlichen Behausungen fernzuhalten. Um sie besser im Auge zu behalten, werden die Affen jeweils in bestimmten Bereichen täglich mit Weizen, Sojabohnen, Süßkartoffeln und Früchten gefüttert. Die höheren Geburten- und Überlebensraten der Gruppen, die in der Nähe der Futterplätze leben, haben in einigen Gegenden zu Überpopulationen und einer zu großen Vertrautheit mit dem Menschen geführt, was wiederum zur Folge hat, dass die Affen die Felder plündern. Jasper wählte den Bildausschnitt für dieses Foto so, dass das Gedränge der Tiere und ihr Bemühen um das Futter im Vordergrund stehen – ein Symbol für das ungesunde Wachstum der Population in einer heute vom Menschen beherrschten Umgebung.

Canon EOS-1D X, Canon-Objektiv 24–70mm f2,8; 1/320 Sek. bei Blende 5,6 (–0,3 e/v); ISO 3200.

Zeit zum Wachen

Mit einem halb automatischen Luftgewehr in der Hand hält die 77-jährige Tazuo Uchiyama am Rand ihrer Reisfelder auf der japanischen Insel Honshu Wache. Plündernde Banden wild lebender Makaken aus dem umgebenden Wald gefährden ihren Lebensunterhalt. Da Japanmakaken seit 1947, als die Bestände drastisch zurückgegangen waren, unter Schutz stehen, ist es verboten, sie zu schießen. Deshalb greifen viele Bauern in ländlichen Gegenden auf Luftgewehre und andere Abschreckungsmaßnahmen wie beispielsweise Feuerwerkskörper zurück, um ihre Felder zu verteidigen. Doch Makaken sind klug: Die Tiere haben schnell begriffen, dass all diese Taktiken ihnen keinen Schaden zufügen. Das Keulen hingegen ist erlaubt: Mehr als 10 000 der Primaten werden jährlich auf diese Weise getötet, um größere landwirtschaftliche Schäden zu verhindern. Und es kommt immer öfter zu Konflikten mit Menschen, weil über die Hälfte der einheimischen Wälder durch Forste ersetzt wurden und das natürliche Habitat der Tiere weiter schrumpft. Auf dem Land gelten Japanmakaken mittlerweile als Schädlinge und nicht mehr als verehrungswürdige Mittler zwischen Menschen und Göttern.

Canon EOS-1D X Mark II, Canon-Objektiv 24–70mm f2,8; 1/60 Sek. bei Blende 16; ISO 500; Profoto-B2-Blitzlicht.

Naturfotojournalist des Jahres

BESONDERE ERWÄHNUNG

Carlton Ward Jr.

USA

NEUE HOFFNUNG FÜR DEN PUMA

Der auch als Florida-Panther bezeichnete *Puma concolor coryi*, eine Subpopulation des Nordamerikanischen Pumas, war einst im gesamten Südosten der Vereinigten Staaten von Amerika verbreitet. Bejagung und Verlust des Lebensraums haben jedoch nur eine einzige, im südlichen Florida isolierte Zuchtgruppe übrig gelassen. Carlton Ward, der Gründer der Kampagne Florida Wildlife Corridor, hat Jahre damit verbracht, die Bestandserholung zu dokumentieren, die heute durch die Vorstadtentwicklung und Verkehrsunfälle bedroht ist. Obwohl die Anzahl in den vergangenen Jahrzehnten wieder auf rund 230 geschlechtsreife Individuen angestiegen ist, müssten in Florida über 600 Tiere leben, um ihre Zukunft einigermaßen sichern zu können. Dafür ist eine Zuchtgruppe nördlich des Caloosahatchee River nötig.

Auf dem Sprung

Ein weiblicher Florida-Puma springt im Florida Panther National Wildlife Refuge am nordwestlichen Rand der Everglades – der letzten Zuflucht der Unterart – über einen Bach. Mit der Hilfe von Wissenschaftlern gelang es Carlton, Pumaspuren in dem Sumpfwald zu identifizieren. Daraufhin konstruierte er ausgefeilte Kamerafallen, die den Bedingungen des subtropischen Feuchtgebiets standhielten und zudem auf ein sich rasch bewegendes Motiv reagierten. Da das Streifrevier der Männchen durchschnittlich 518 Quadratkilometer groß ist, konnte der Fotograf von Glück sagen, wenn einmal im Monat ein Puma an einer Kamera vorbeikam. Meistens geschah das nachts. Erschwert wurde das Ganze durch technische Ausfälle der Kameras, Waldbrände und zuletzt den Hurrikan Irma. So dauerte es fast zwei Jahre, bis Carlton diese einzige Tagesaufnahme im Kasten hatte.

Nikon D7100, Nikon-Objektiv 10–24mm f3,5–4,5 bei 16mm; 1/250 Sek. bei Blende 9 (–0,7 e/v); ISO 1250; sieben Nikon-Blitzlichter, Cognisys-Sabre-Infrarotlaser-Fernauslöser, Pixel-Pawn-Funkfernauslöser und wasserdichte Kamera- und Blitzlichtgehäuse (Spezialanfertigungen); Benro-Stativ und Slik-Kugelkopf.

Eingeengt

Aus der Luft sieht man deutlich, wie der vorstädtische Häuserbau am östlichen Rand von Naples in Südwestflorida das Habitat des Pumas immer weiter zurückdrängt. Als einer der am rasantesten wachsenden Staaten der USA – und momentan der drittbevölkerungsreichste – opfert Florida jährlich über 40 470 Hektar unbebautes Land, um Platz für Zuzügler (schätzungsweise 330 000 Menschen pro Jahr) zu schaffen. Der staatliche Florida Wildlife Corridor – ein Netz aus öffentlichen und privaten Naturschutzgebieten – bietet dem gefährdeten Florida-Panther eine Chance. Sollte, wie Carlton betont, allerdings weiter derart unkontrolliert gebaut werden, wäre dies das Aus für noch fehlende verbindende Korridore. Damit wäre die letzte Hochburg der Großkatze im südlichen Florida dauerhaft vom Rest des Staates abgeschnitten. »Ohne umfassende Habitaterhaltung besteht wenig Hoffnung, dass sich die Populationen des Florida-Pumas wieder erholen«.

Nikon D810, Nikon-Objektiv 24–70mm f2,8 bei 34mm; 1/4000 Sek. bei Blende 4 (–0,3 e/v); ISO 800.

Verkehrsopfer

Bis zu 30 Florida-Pumas werden jährlich auf den Straßen des Staates überfahren. Kollisionen mit Fahrzeugen stellen nach dem Verlust des Lebensraums die größte Bedrohung für die Tiere dar. Dieses etwa sechs Monate alte Männchen kam auf einem Highway in der Nähe von Naples ums Leben. Die meisten tödlichen Unfälle dieser Art sind im sich rasch entwickelnden Südwesten des Landes zu verzeichnen. Im Scheinwerferlicht vorüberfahrender Autos warten Polizisten auf einen Biologen, der den Kadaver zur Autopsie abholt. Die Straßen könnten mit mehr Zäunen und speziellen Wildbrücken sicherer gemacht werden, erläutert Carlton. Doch die wenigsten Menschen seien sich des Problems bewusst. »Ich zeige die traurige Realität, um die Menschen dazu zu bewegen, die lebenswichtigen Investitionen in Infrastruktur zu unterstützen, die ein besseres Zusammenleben von Mensch und Tier ermöglichen.«

Nikon D810, Nikon-Objektiv 24–70mm f2,8 bei 24mm; 2 Sek. bei Blende 16 (–0,7 e/v); ISO 1600; Nikon-SB-700-Blitzlicht; Gitzo-Stativ und Really-Right-Stuff-Kugelkopf.

Ökologische Viehhaltung

Als die Sonne hinter der Buck Island Ranch in der Nähe von Lake Placid in Zentralflorida untergeht, treiben drei moderne Cowboys eine Herde Florida-Cracker-Rinder zusammen, eine alte Rasse und Abkömmlinge der Rinder, die im frühen 16. Jahrhundert aus Spanien nach Florida gebracht worden waren. Rinderfarmen bedecken fast ein Sechstel der Landmasse in Florida, und da die meisten dieser nicht unter Schutz stehenden Gebiete zum Florida Wildlife Corridor gehören, hängt das Überleben des Florida-Pumas maßgeblich vom Fortbestand der Ranches ab. Das Wachsen der Vorstädte treibt die Grundstückspreise hoch, und viele Rancher verkaufen ihr Land an Bauträger. Das schneidet den Pumas innerhalb des Korridors den Weg ab. Zum Glück gibt es Forschungsranches wie die Buck Island Ranch, die Langzeitstudien zu den Vorteilen von Rinderfarmen mit teilweise heimischer Weide und eingeschränkter Beweidung betreiben. Zu diesen Pluspunkten gehören etwa die Reinigung des Wassers in der Everglades-Wasserscheide und die Förderung der Kohlenstoffbindung, also die Aufnahme und Bindung von Kohlendioxid aus der Atmosphäre. Es sei wichtig, auf die Bedeutung traditioneller Ranches hinzuweisen, hebt Carlton hervor; seiner Meinung nach könnten sie viel zum Schutz eines naturbelassenen Florida beitragen.

Nikon D810, Nikon-Objektiv 24–70mm f2,8 bei 38mm; 1/640 Sek. bei Blende 5,6 (–0,7 e/v); ISO 400.

Familienrettung

Tierärztinnen der White Oak Conservation Foundation tragen zwei betäubte männliche Florida-Puma-Junge in die Klinik, in der Tiere vor der Wiederauswilderung auf ihren Gesundheitszustand hin untersucht werden. Vier Monate zuvor hatte man die Mutter der beiden – aufgrund der Nummer ihres Senderhalsbands als FP224 bekannt – mit gebrochenem Hinterlauf am Rand einer Straße in der Nähe von Naples gefunden. Sie war von einem Auto angefahren worden. Da sie einer der wenigen Florida-Pumas ist, die ein Senderhalsband tragen, wussten die Biologen, dass sie vor Kurzem drei Junge zur Welt gebracht hatte. Diese hätten unmöglich überleben können, während sich ihre Mutter in ärztlicher Obhut befand, und so versuchte man, die Jungen aufzuspüren. Zwei der drei Jungtiere fand das Team. Sie wurden in eine Auffangstation gebracht und schließlich wieder mit der Mutter vereint, nachdem diese sich von der OP erholt hatte. Für Carlton war es das erste Mal, dass er Zeuge der Rettung und Wiederauswilderung einer Florida-Puma-Familie wurde.

Nikon D850, Nikon-Objektiv 24–70mm f2,8 bei 24mm; 1/125 Sek. bei Blende 8; ISO 800; Nikon-SB-5000-Blitzlicht; Nikon-Funkfernauslöser; Photoflex-Softbox.

Familiengründung

Ein weiblicher Florida-Puma streift mit seinen beiden Jungen nachts einen Pfad im Naturschutzgebiet Babcock Ranch Preserve in Florida entlang. Das im Januar 2017 von einer Kamerafalle gemachte Bild ist ein wichtiger Beweis dafür, dass sich das Fortpflanzungsrevier des Pumas, das jahrzehntelang auf die Südspitze Floridas beschränkt war, nach Norden jenseits des Caloosahatchee River ausgeweitet hat. Nachdem Carlton durch Biologen von der Existenz eines weiblichen Florida-Pumas nördlich des Flusses erfahren hatte, versuchte er über ein Jahr lang, den fotografischen Beleg dafür zu liefern. Männliche Florida-Pumas sind im ganzen Bundesstaat und sogar nördlich im Bundesstaat Georgia gesichtet worden, doch bis dato hatten die Tiere dort keine Chance, auf ein Weibchen zu treffen. Das Weibchen auf dem Bild ist durch den rund 500 Meter breiten Caloosahatchee River geschwommen und hat sich in seiner neuen Heimat erfolgreich fortgepflanzt. Gemeinsam mit seinem Nachwuchs steht es als hoffnungsvoller Beweis dafür, dass die Großkatzen die natürliche Barriere des Flusses überwinden und ihr Fortpflanzungsrevier nach Norden ausdehnen können.

Nikon D7100, Nikon-Objektiv 18–70mm f3,5–4,5 bei 22mm; 1/8 Sek. bei Blende 8 (–2 e/v); ISO 1250; drei Nikon-Blitzlichter; wasserdichtes Blitzlichtgehäuse (Spezialanfertigung), Cognisys-Kameragehäuse und Cognisys-Scout-Aktiv-Infrarot-Fernauslöser; Benro-Stativ und Slik-Kugelkopf.

Der »Rising Star«-Portfoliopreis

Der Preis soll Fotografen im Alter zwischen 18 und 26 Jahren inspirieren und ermutigen. Er wird für ein Portfolio verliehen.

SIEGER

Jérémie Villet

FRANKREICH

Seit seiner Kindheit auf einem Bauernhof in einer ländlichen Gegend Frankreichs ist Jérémie Villet vom verborgenen Leben wilder Tiere fasziniert. Von der Beobachtung mit dem Fernglas stieg er allmählich auf das Festhalten seiner Eindrücke mit der Kamera um und machte sich nach dem Studium zu seiner ersten von vielen Soloexpeditionen in schneebedeckte Regionen auf. Die Reinheit des Schnees, der alles ausblendet, was von der Essenz einer Szene ablenkt, fesselt ihn besonders. Auch bei der Bildbearbeitung ist Jérémie Purist. Sein Einkommen bestreitet der 26-Jährige mit Auftragsarbeiten und dem Verkauf hochwertiger Fotoabzüge.

Eingefrorener Augenblick

Unbeweglich aneinandergelehnt verharren zwei männliche Dall-Schafe in vollem Winterfell, nachdem sie auf dem windgepeitschten, schneebedeckten Abhang heftig aneinandergeraten waren. Seit Jahren hatte Jérémie davon geträumt, die reinweißen nordamerikanischen Bergschafe vor dem Hintergrund des Schnees abzulichten. Er reiste in den Yukon, mietete sich einen Transporter und folgte einen Monat lang den Wildschafen in der Brunftzeit, in der die ausgewachsenen Männchen um die Paarungsrechte kämpfen. Diese beiden Böcke versuchten, sich auf einem steilen Abhang zu duellieren, doch erzwangen der erbarmungslose Wind, ein schwerer Schneesturm und die extreme Kälte eine Kampfpause. Jérémie lag im Schnee und hatte ebenfalls mit den brutalen Wetterbedingungen zu kämpfen: Seine Finger waren taub vor Kälte, und der Wind machte es schwierig, die Kamera ruhig zu halten. Er war so entschlossen, die Aufnahme zu machen, von der er geträumt hatte, dass er noch nicht einmal merkte, wie er Frostbeulen an den Füßen bekam. Es dauerte Monate, bis die Verletzungen abgeheilt waren. Schließlich hatte er nur ein einziges scharfes Bild im Kasten, aber das war die Erfüllung seiner Träume: Die Hörner und Gesichtszüge der Schafe zeichneten sich vor dem weißen Hintergrund ab, während das Fell mit der Schneelandschaft verschmolz.

Canon EOS-5D Mark IV, Canon-Objektiv 400mm f2,8; 1/1600 Sek. bei Blende 2,8 (+1,3 e/v); ISO 500.

Tumult am Himmel

Durch das plötzliche Auftauchen eines Gerfalken erschreckt, fliegen Hunderte von Trottellummen von ihren Nistplätzen an den Klippen auf. Jedes Frühjahr kehren rund 15 000 Brutpaare gemeinsam mit Dreizehenmöwen, Papageitauchern, Dickschnabellummen und Tordalken zum Nisten an die steilen Klippen der unbewohnten arktischen Insel vor der Nordostküste Norwegens zurück, wo sie vor Landbeutegreifern relativ sicher sind. Das gilt allerdings nicht für Beutegreifer aus der Luft, die sich zeitgleich mit den Seevögeln einfinden. Als der Gerfalke auftauchte, bereute es Jérémie, sein übliches Teleobjektiv gegen ein 35mm-Objektiv getauscht zu haben. Also musste er das Weitwinkelobjektiv kreativ einsetzen. Er richtete seine Kamera nach oben auf die unzähligen auffliegenden Seevögel, erzeugte mithilfe des wolkenverhangenen Himmels und der Reflexion des Schnees vom Boden absichtlich eine Überbelichtung des Bildes und schuf so ein nahezu monochromes Foto, das den durch den Greifvogel ausgelösten Tumult perfekt wiedergibt.

Canon EOS-5D Mark IV, Canon-Objektiv 35mm f1,4; 1/2500 Sek. bei Blende 14 (+0,7 e/v); ISO 2500.

Jäger im Schnee

Nahezu perfekt getarnt springt ein Hermelin ausgelassen über ein Schneefeld im Jura-Gebirge im Osten Frankreichs. Wenige Tage zuvor hatte Jérémie die Fährte des Tiers am Boden entdeckt. Er wollte das kleine Säugetier in seinem mit Ausnahme der schwarzen Schwanzspitze gänzlich weißen Winterfell unbedingt vor dem Hintergrund der schneebedeckten Landschaft fotografieren. Daher schlug er in der Nähe der Fährte sein Lager auf und wartete – drei Tage lang. Als er die Hoffnung schon fast aufgegeben hatte, tauchte das Kurzschwanzwiesel plötzlich auf und tollte im Schnee herum. Von Jérémie nahm es dabei keinerlei Notiz. Mit einer Körperlänge von selten mehr als 25 Zentimetern sind Hermeline in der Lage, Kaninchen zu töten, die fünf Mal so groß sind wie sie selbst. Dieser Marderverwandte allerdings war hinter Wühlmäusen her, die er sogar unter der dicken Schneedecke aufspüren konnte. Der Bauer, dem das Land gehörte, hatte die Wühlmäuse bislang immer vergiftet, doch mit seinen Fotos konnte Jérémie ihn davon überzeugen, dass es viel sicherer und auch preiswerter war, die wunderschönen kleinen Beutegreifer diese Arbeit verrichten zu lassen.

Canon EOS-7D Mark II, Canon-Objektiv 400mm f2,8; 1/6400 Sek. bei Blende 4,5 (+0,7 e/v); ISO 500.

Der Adler ist gelandet

Mit ausgebreiteten Schwingen landet ein Weißkopfseeadler im frischen Schnee am Ufer eines Flusses im südöstlichen Alaska. Er hat es auf die Lachse im eisigen Wasser vor ihm abgesehen. Der November ist für die imposanten Greifvögel, die sich am Fluss versammeln, ein Fest: Selbst in den kältesten Monaten bleibt das Wasser hier eisfrei, weil wärmeres Wasser aus einem Schmelzwasserreservoir unter dem Flussbett aufsteigt. Gemeinsam mit den letzten Lachs-Laichwanderungen tauchen Weißkopfseeadler in großer Zahl auf, um die toten und sterbenden Fische zu fressen. Jérémie beobachtete die Vögel eine Woche lang aus einem Versteck am Fluss heraus. Meist saßen sie in den Kanadischen Schwarz-Pappeln, doch mit der Zeit ahnte Jérémie, wo die Tiere zum Fressen landen würden. So gelang ihm das symmetrische Porträt dieses ausgewachsenen Männchens, dessen weiß befiederter Kopf von den mächtigen Schwungfedern eingerahmt wird.

Canon EOS-5D Mark IV, Canon-Objektiv 400mm f2,8; 1/3200 Sek. bei Blende 4; ISO 1600.

Junger Naturfotograf des Jahres 2019

Der Preis für den »Jungen Naturfotografen des Jahres 2019« geht an **Cruz Erdmann**. Sein Bild wurde zum bemerkenswertesten unter allen Einsendungen junger Fotografen im Alter bis 17 Jahre gekürt.

SIEGER

Cruz Erdmann

NEUSEELAND

Cruz wurde auf der indonesischen Insel Bali geboren und ist auch dort aufgewachsen, lebt heute aber in Neuseeland. Schon früh entdeckte er seine Liebe zum Meer; als Zehnjähriger machte er seinen Tauchschein, mittlerweile kann er auf beinahe 200 Tauchgänge zurückblicken. Vor einem Jahr bekam er die alte Unterwasserkamera seines Vaters geschenkt, seitdem fotografiert er im Ozean. Der heute 13-Jährige will Hubschrauberpilot werden und als Forscher oder Fotograf in abgelegenen Gegenden tätig sein.

Nächtliches Leuchten

Bei einem organisierten nächtlichen Tauchgang in der Lembeh-Straße vor der Küste der indonesischen Provinz Sulawesi Utara traf Cruz im relativ seichten Gewässer über einer Sandbank auf ein Paar Großflossen-Riffkalmare. Als er sich näherte, schoss der kleinere davon. Der größere – wahrscheinlich das Männchen –, dessen schillernder Körper in der Dunkelheit leuchtete, blieb jedoch für einige Sekunden im Wasser schweben. Großflossen-Riffkalmare verdanken ihren Namen den muskulösen Flossen zu beiden Seiten ihres Körpers. Sie verfügen über spezielle Zellen, die lichtreflektierende Pigmente enthalten und es den Tieren gestatten, im Nu eine andere Farbe und Zeichnung anzunehmen, sowohl zur Tarnung als auch zur Kommunikation untereinander. Das 25 Zentimeter lange Individuum auf dem Bild weist die gestreifte Paarungsfärbung auf, die inneren Geschlechtsorgane leuchten rosa, um an der Absicht des Tintenfischs keinerlei Zweifel zu lassen. Weil Cruz für eine Änderung der Kameraeinstellungen keine Zeit blieb, komponierte er sein Bild intuitiv und fing das leuchtende Tier mit den beiden ausgestreckten Fangtentakeln gerade noch ein, bevor es rückwärts in die Dunkelheit verschwand, höchstwahrscheinlich um sich wieder seiner potenziellen Partnerin anzuschließen.

Canon EOS-5D Mark III, Canon-Objektiv 100mm f2,8; 1/125 Sek. bei Blende 29; ISO 200; Aquatica-5D-Mk-II-Pro-Unterwassergehäuse; Ikelite-DS161-Blitzgerät.

Junge Naturfotografen: 15–17 Jahre

SIEGER

Frühaufsteher

Riccardo Marchegiani

ITALIEN

Riccardo konnte sein Glück kaum fassen, als dieses Dscheladaweibchen bei Anbruch des Tages über den Felskamm ganz in seiner Nähe kletterte. Ein eine Woche altes Jungtier klammerte sich an den Bauch der Mutter. Der junge Fotograf war mit seinem Vater und einem Freund zu dem Hochplateau im äthiopischen Simien-Nationalpark gekommen, um die grasfressenden Primaten zu beobachten, die es ausschließlich im Hochland von Abessinien gibt. Nachts suchten die Dscheladas an den steilen Klippenwänden Schutz, wo sie sich auf den Schlafplätzen aneinanderdrängten. Morgens trauten sie sich hervor, um auf den alpinen Flächen zu grasen. An diesem Tag hatte der Guide Riccardo und die anderen schon einige Stunden vor Sonnenaufgang zu der Stelle geführt, an der die Tiere vermutlich auftauchen würden. Sie waren also zur Stelle, als die Dscheladas aufwachten. Und tatsächlich: Nach nur einer Stunde tauchte eine Gruppe direkt vor ihnen auf. Riccardo wechselte seine Position, wobei er darauf achtete, Abstand sowohl zum Weibchen mit seinem Jungtier als auch zum gähnenden Abgrund zu halten. Er wurde mit diesem Bild belohnt, bei dem ein nicht zu grelles Blitzlicht das lange braune Fell des Tiers vor dem Hintergrund der noch dunklen Berge hervorhebt. Zudem fing er den Seitenblick der Mutter, aber auch die Augen des neugierigen Babys ein.

Nikon D800E, Nikon-Objektiv 16–35mm f4 bei 30mm; 1/60 Sek. bei Blende 8; ISO 100; Godox-V860II-N-Blitzlicht.

Die Kunst der Gefiederpflege

Arthur Goulart

BRASILIEN

Auf seinem Sitz am Pier eines Feuchtgebiets im brasilianischen Pantanal verdreht ein Amerikanischer Schlangenhalsvogel seinen langen, schlanken Hals, um seiner Bürzeldrüse Öl zu entnehmen, mit dem er sein soeben geputztes Gefieder einfettet. Ganz in der Nähe nahmen Arthur und seine Familie auf einem Ausflug in das Feuchtgebiet gerade ihr Mittagessen ein. Er verwendete sein Teleobjektiv, um den ablenkenden Hintergrund auszublenden, und konzentrierte sich allein auf den Vogel mit seinem riesigen Schnabel. Im Gegensatz zu den meisten anderen Wasservögeln besitzt der Schlangenhalsvogel kein vollständig wasserfestes Gefieder. Die Federn saugen sich mit Wasser voll, damit der Vogel schwer genug ist, um gänzlich unter Wasser oder nur mit aus dem Wasser ragenden Hals und Kopf jagen zu können. Die Fische um sich herum spießt er blitzschnell mit seinem dolchähnlichen Schnabel auf – dieser Bewegung verdankt der Vogel seinen Namen. Nach der Jagd setzt er sich mit ausgebreiteten Flügeln in die Sonne, um sich zu trocknen und aufzuwärmen.

Nikon D7100, Nikon-Objektiv 80–400mm f5,6 bei 400mm; 1/640 Sek. bei Blende 5,6; ISO 360.

Bezaubernde Ruthy

Ariel Fields

ISRAEL

Die einzelgängerischen Streifenhyänen sieht man im Gegensatz zu ihren größeren Verwandten, den Tüpfelhyänen, selten. Doch in der israelischen Stadt Modi'in gibt es ein junges Weibchen, das dort ausgesprochen bekannt ist. Denn jede Nacht begibt sich Ruthy in den Mülltonnen der Stadt auf Nahrungssuche. Das gefällt bei Weitem nicht jedem: Schon zwei Mal haben Beamte sie eingefangen und andernorts wieder ausgesetzt, aber bislang ist sie jedes Mal wieder zurückgekommen. Da er die Anwohner davon überzeugen wollte, dass die kleine Ruthy nur ein friedlicher Aasfresser ist und niemandem etwas zuleide tut, verbrachte Ariel viele Monate damit, das Verhalten der Hyäne zu studieren. Er will auch bekannt machen, dass die Tiere laut Roter Liste potenziell gefährdet sind: Ihre Population umfasst vom Nahen Osten bis nach Indien sowie in Afrika weltweit wahrscheinlich weniger als 10 000 Individuen. Dieses innige Porträt von Ruthy, das von der Abendsonne in warmes Licht getaucht wird, entstand, während Ruthy – wachsam, mit aufgestellten Ohren – in der Nähe einer ihrer vielen Höhlen am Rand der Stadt döste. Als es schließlich dunkel wurde, stand sie auf und machte sich auf ihren nächtlichen Streifzug.

Nikon D500, Nikon-Objektiv 200–500mm f5,6 bei 500mm; 1/500 Sek. bei Blende 5,6 (–1 e/v); ISO 640.

Wassergymnastik

Branson Meaker

SÜDAFRIKA

Seit Stunden schon versuchte Branson, die Roten Letschwes in den Überschwemmungsgebieten des Kwando Reserve in Botswana zu fotografieren. Das war schwierig, weil die scheuen Tiere doch bei jedem Geräusch erschraken, sogar dem des Kameraauslösers. Die Antilopen aus der Gattung der Wasserböcke besitzen kräftige Hinterbeine, die deutlich länger sind als die Vorderläufe, und kommen in den Feuchtgebieten im südlichen Zentral- und Südafrika vor, wo sie sich mit weiten, eleganten Sprüngen mühelos durch knietiefes Wasser bewegen. Bei Sonnenuntergang bekam Branson schließlich seine Chance. Von einem abgestellten, offenen Fahrzeug aus entdeckte er einen männlichen Letschwe – bei dieser Antilopenart tragen nur die Männchen Hörner –, der sich gerade durch das Wasser davonmachen wollte. Branson hatte seine Kamera auf einem Bohnensack abgestützt, den er zuvor über einen Handlauf des Fahrzeugs gelegt hatte, und war bereit. Er wählte eine kurze Verschlusszeit und fing das Tier mitten in seinem zweiten Sprung ein – genau das Foto in Bewegung, das Branson sich vorgestellt hatte. Und, wie er hinterher feststellte, mit einem Bonus obendrauf: einem Graufischer, der sich an seinem Platz auf einem Grashalm nicht stören ließ.

Canon EOS-5D Mark III, Canon-Objektiv 100–400mm f4,5–5,6 bei 400mm; 1/2000 Sek. bei Blende 8; ISO 2000.

Gut abhängen

Carlos Pérez Naval

SPANIEN

Als Carlos und seine Familie die Reise in den Nationalpark Soberanía in Panama planten, standen Faultiere ganz oben auf der Wunschliste dessen, was sie unbedingt sehen wollten. Sie wurden nicht enttäuscht. Mehrere Tage lang konnte Carlos von der Beobachtungsplattform über dem Baumkronendach des Parks aus nicht nur Vögel, sondern auch dieses Braunkehl-Faultier fotografieren; am orangefarbenen Fell und dem dunklen Streifen am Rücken kann man erkennen, dass es ein ausgewachsenes Männchen ist. Es hing in einem Ameisenbaum und ruhte sich aus. Gelegentlich bewegte es sich auch sehr langsam einen Ast entlang, um an frische Blätter heranzukommen. An diesem Morgen – der Wald hatte sich in Nebel gehüllt, und das Faultier war aktiv – entschied sich Carlos für eine neue Bildkomposition. Er kletterte etwas tiefer und fotografierte aus dieser niedrigeren Perspektive. Dabei kam es ihm immer noch auf die charakteristischen Merkmale des Tiers an: seine drei hakenförmigen Krallen, mit denen es sich am Baum festhielt, den typischen Augenstreifen und das lange, raue Fell. Doch auch der stimmungsvolle Wald, der den Rest des Bildes ausmacht, war Carlos wichtig, denn er wollte das Faultier in seinem natürlichen Lebensraum zeigen.

Nikon D700, Nikon-Objektiv 28–300mm f3,5–5,6 bei 45mm; 1/125 Sek. bei Blende 10; ISO 1600.

Junge Naturfotografen: 10 Jahre und jünger

SIEGER

Summende Überraschung

Thomas Easterbrook

GROSSBRITANNIEN

Thomas verbrachte die Ferien mit seiner Familie in Frankreich. Bei einer Mahlzeit an einem warmen Sommerabend im Garten nahm er ein Summen wahr. Es stammte von den schnell schlagenden Flügeln eines Taubenschwänzchens, das vor einem Pfirsichsalbei schwebte und mit seinem langen Rüssel den Nektar aus den Blüten saugte. Die Flügel der Schmetterlinge schlagen sogar schneller als die des Kolibris, der die Pflanze in ihrer ursprünglichen Heimat – Zentralamerika und Süden der USA – bestäubt. Da das Taubenschwänzchen so rasch von Blüte zu Blüte flog, war es nicht leicht, den Schwärmer zu fotografieren. Doch Thomas gelang es: Klar und deutlich zeichnet sich der Kopf vor der Unschärfe der schwirrenden Flügel ab.

Sony DSC-HX400V, Sony-Objektiv 24–210mm f2,8–6,3 bei 51mm; 1/320 Sek. bei Blende 5; ISO 80.

Wiesenschönheit

Alfons Lilja

SCHWEDEN

Der achtjährige Alfons ist von Schmetterlingen fasziniert. In den Sommermonaten, die er gemeinsam mit seiner Familie am Meer im Nordosten Schwedens verbringt, macht er sich in den umgebenden Wiesen immer auf die Suche nach ihnen. An einem warmen Sommertag entdeckte er diesen kleinen Schmetterling, der sich nah am Boden aufhielt. Als er innehielt, um Nektar aus einer Gewöhnlichen Goldrute zu saugen, und dabei bewegungslos verharrte, während Wolken über die Sonne zogen, gelang es Alfons, sich ihm leise zu nähern. Er setzte den Schmetterling so ins Bild, dass er von Blumen umgeben war und sich durch die geringe Tiefenschärfe deutlich vom Hintergrund abhob. So fing er den Blick auf die zart gemusterten Vorderflügel ein. Das weiche Licht verstärkte die satte Farbgebung noch. Alfons weiß, wie schnell die Tiere fliegen und wie unberechenbar ihre Flugbahnen sind; deshalb freute er sich sehr, dass dieser Schmetterling lange genug sitzen blieb, um ihn fotografieren zu können. Später identifizierte Alfons ihn anhand des Bildes als Silberfleck-Perlmuttfalter.

Nikon D500, Nikon-Objektiv 300mm f4; 1/640 Sek. bei Blende 6,3; ISO 400.

Der Geierbaum

Tanish Ray

INDIEN

Nachdem Tanish und seine Eltern den Nachmittag damit verbracht hatten, im Kanha-Nationalpark im indischen Bundesstaat Madhya Pradesh nach Tigern zu suchen, entdeckte er diesen Schlafplatz von Bengalgeiern hoch oben in einem riesigen Salbaum. Die Vögel rasteten nach einer Mahlzeit, und der üble Geruch, der die Luft durchzog, verriet Tanish, dass das Aas ganz in der Nähe sein musste. Der Geruchssinn von Geiern ist eher schwach ausgeprägt; sie finden Nahrung mithilfe ihrer ausgezeichneten Augen. Sie gehören zur Müllbeseitigungsmannschaft der Natur und leisten wichtige Hygienedienste, doch wird ihnen gerade dies mitunter zum Verhängnis. Wenn die Tiere verendetes Vieh fressen, das mit dem tiermedizinischen Wirkstoff Diclofenac behandelt wurde, sterben sie an Nierenversagen. Da Tanish alle sieben Geier auf einmal aufs Bild bekommen wollte, hielt er die Kamera senkrecht und fotografierte Baum und Vögel im Gegenlicht als Silhouette. Als besonders knifflig erwies sich das Scharfstellen der auf unterschiedlich hohen Ästen sitzenden Tiere. Zu Hause probierte er die Technik aus, die sein Vater ihm vor Kurzem beigebracht hatte, und wandelte das Bild in eine Schwarz-Weiß-Aufnahme um. Auf diese Weise gab es das »unheimliche Gefühl«, das Tanish beim Anblick des Geierbaums hatte, perfekt wieder.

Canon EOS-550D, Canon-Objektiv 55–250mm f4–5,6 bei 55mm; 1/800 Sek. bei Blende 4; ISO 100.

Das große Trocknen

Soumil Rathi

INDIEN

Der Weißbrustkormoran wärmte sich am Ende eines Anlegestegs auf einer Insel im Naivashasee in Kenia mit ausgestreckten Flügeln in der Sonne auf. Soumil saß mit seiner Familie in einem schaukelnden Ruderboot. Den Vogel abzulichten, dabei einerseits die Kamera ruhig zu halten und andererseits keine menschlichen Arme oder Köpfe mit aufs Bild zu bekommen, stellte eine große Herausforderung dar. Das Resultat ist gelungen: Besonders heben sich auf dem vollendet scharfen Bild die glänzenden bronzefarbenen Deckfedern des Vogels und das unverwechselbare grüne Auge ab. Die Kormoran-Unterart geht mit Vorliebe im seichten Süßwasser auf die Jagd, wo die Vögel Fische und andere Beute fangen, indem sie sich mit den großen, schwimmhautbewehrten Füßen nach vorn katapultieren, mit eng angelegten Flügeln durchs Wasser gleiten und mit dem Schwanz manövrieren. Anschließend lassen sie sich an Land von Sonne und Wind trocknen und zeigen die großen Flügel, die so kräftig sind, dass sich die Vögel auch nass aus dem Wasser wuchten können.

Canon EOS-700D, Canon-Objektiv 250mm f4–5,6; 1/320 Sek. bei Blende 7,1; ISO 100.

Verzeichnis der Fotografen

75
Eduardo del Álamo
SPANIEN
www.eduardodelalamo.com

40, 72
Ingo Arndt
DEUTSCHLAND
www.ingoarndt.com
Agenten
www.naturepl.com
(GROSSBRITANNIEN)
www.mindenpictures.com (USA)

42, 85
Javier Aznar González de Rueda
SPANIEN
www.javieraznarphotography.com

100
Jason Bantle
KANADA
www.allinthewild.com

10–13, 70
Yongqing Bao
CHINA
stfbaoyanping@163.com

38, 84
Ripan Biswas
INDIEN
www.ripanbiswas.com

95
Joël Brunet
FRANKREICH
www.joëlbrunet.com

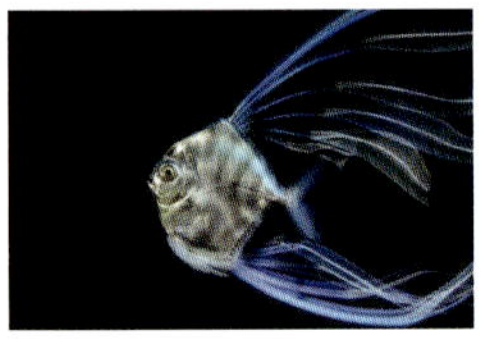

30
Songda Cai
CHINA
www.songdacai.com

14–23
Stefan Christmann
DEUTSCHLAND
www.nature-in-focus.de
Agent
www.naturepl.com

68
Jaime Culebras
SPANIEN
www.photowildlifetours.com

112
Joan de la Malla
SPANIEN
www.joandelamalla.com

81, 90
Frank Deschandol
FRANKREICH
www.frank-deschandol.com

122–127
Jasper Doest
NIEDERLANDE
www.jasperdoest.com

24
David Doubilet
USA
www.daviddoubilet.com
Agent
www.natgeoimagecollection.com

152
Thomas Easterbrook
GROSSBRITANNIEN
stewart_easterbrook@hotmail.com

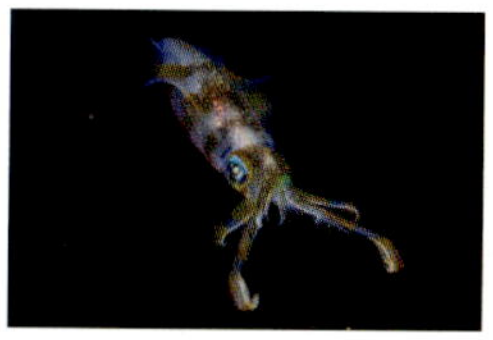

142, 148
Cruz Erdmann
NEUSEELAND
arnazmehta@gmail.com

44, 46
Shangzhen Fan
CHINA
stffanshangzhen@163.com

147
Ariel Fields
ISRAEL
www.arielfields.com

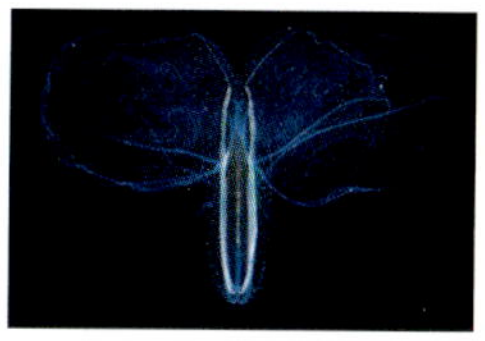

26
Angel Fitor
SPANIEN
www.seaframes.com

91
Uge Fuertes Sanz
SPANIEN
www.ugefuertes.com

53
Françoise Gervais
KANADA
www.fgervaisgallery.com

118
Justin Gilligan
AUSTRALIEN
www.justingilligan.com

146
Arthur de Magalhães Goulart
BRASILIEN
www.photocrowd.com/photographer-community/95248
arthurmgoulart2001@gmail.com

50
Antti Olavi Haataja
FINNLAND
www.anttihaataja.fi
antti.arctic@gmail.com

58, 96, 120
Charlie Hamilton James
GROSSBRITANNIEN
www.charliehamiltonjames.com
Agent
www.natgeoimagecollection.com

77
Peter Haygarth
GROSSBRITANNIEN
www.peterhaygarth.com

76
Adrian Hirschi
SCHWEIZ
adrian.hirschi@bluemail.ch

28
Wayne Jones
AUSTRALIEN
wjemptiness2@hotmail.com

104
Alexey Kharitonov
RUSSLAND
www.facebook.com/akharitonoff

149
Tamás Koncz-Bisztricz
UNGARN
www.kbtamas.blogspot.com

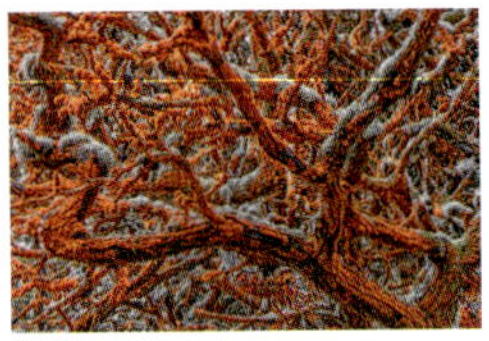

88
Zorica Kovacevic
SERBIEN/USA
www.zoricakovacevicphotography.com

78
Daniel Kronauer
DEUTSCHLAND/USA
dkronauer@rockefeller.edu

34
Bernd Liedtke
DEUTSCHLAND
www.naturfoto-liedtke.de
naturfoto.liedtke@t-online.de

153
Alfons Lilja
SCHWEDEN
alfonslilja@gmail.com

144
Riccardo Marchegiani
ITALIEN
www.joyoflight.it

116
Bence Máté
UNGARN
www.matebence.hu/en
office@matebence.hu

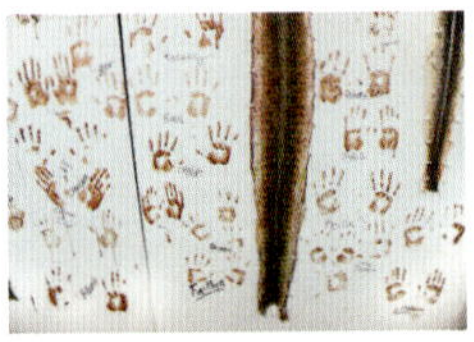

117
Jo-Anne McArthur
KANADA
www.joannemcarthur.com

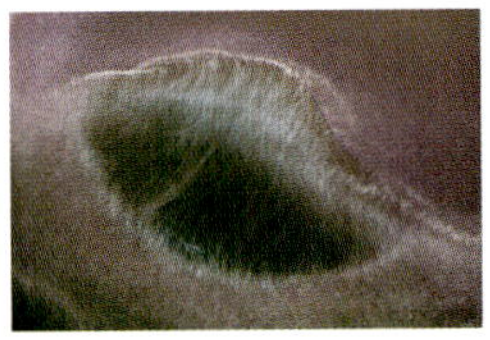

52
Paul Mckenzie
IRLAND
www.wildencounters.net

150
Branson Meaker
SÜDAFRIKA
www.bransonmeaker.com
emeaker@webstorm.co.za

29
Fabien Michenet
FRANKREICH
www.fabienmichenet.photoshelter.com

31
Duncan Murrell
GROSSBRITANNIEN
www.duncanmurrell.com

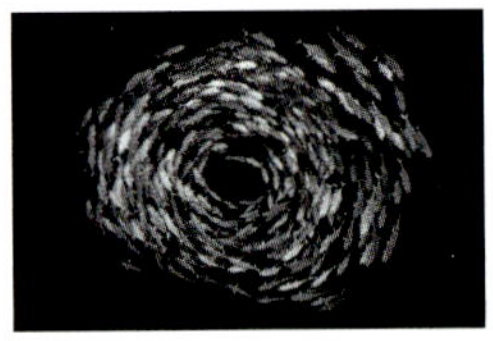

35
Alex Mustard
GROSSBRITANNIEN
www.amustard.com
Agent
www.naturepl.com

82
Piotr Naskrecki
POLEN/USA
www.thesmallermajority.com
Agent
www.mindenpictures.com

65
Tommy Pedersen
SCHWEDEN
www.tommypedersen.se

151
Carlos Pérez Naval
SPANIEN
www.carlospereznaval.wordpress.com
enavalsu@gmail.com

56, 62, 114
Thomas P. Peschak
DEUTSCHLAND/SÜDAFRIKA
www.thomaspeschak.com
Agent
www.natgeoimagecollection.com

110
Alejandro Prieto
MEXIKO
www.alejandroprietophotography.com

60
Audun Rikardsen
NORWEGEN
www.audunrikardsen.com

74
Dani Salgado
SPANIEN
www.danisalgado.jimdo.com

69
Victor Tyakht
RUSSLAND
www.sfdp.ru/victortyakht
v.tyakht@gmail.com

155
Soumil Rathi
INDIEN
drshonalirathi@gmail.com

92
Michel Roggo
SCHWEIZ
www.roggo.ch
Agent
www.naturepl.com

36
Ralf Schneider
DEUTSCHLAND
www.rasch.zenfolio.com

48
Stefano Unterthiner
ITALIEN
www.stefanounterthiner.com

66
Manuel Plaickner
ITALIEN
www.manuel-plaickner.com

154
Tanish Ray
INDIEN
laddernose@qmail.com

54
Emmanuel Rondeau
FRANKREICH
www.emmanuelrondeau.com

86
Lorenzo Shoubridge
ITALIEN
www.naturephotography.it
Agent
saulripamonti@gmail.com

121
Joris van Alphen
NIEDERLANDE
www.jorisvanalphen.com

94
Imre Potyó
UNGARN
www.facebook.com/imre.potyo
poimre@gmail.com

64
Diana Rebman
USA
www.dianarebmanphotography.com

98
Cyril Ruoso
FRANKREICH
www.cyrilruoso.com

101
Florian Smit
DEUTSCHLAND
www.floriansmit.com

102
Luis Manuel Vilariño Lopez
SPANIEN
www.thedramaticlight.com

134–141
Jérémie Villet
FRANKREICH
www.instagram.com/jeremievillet
jeremievillet@gmail.com

128–133
Carlton Ward Jr.
USA
www.carltonward.com
Agent
www.natgeoimagecollection.com

113
Matthew Ware
USA
www.wareresearch.com

32
Max Waugh
USA
www.maxwaugh.com

80
Minghui Yuan
CHINA
http://yuanminghui.artron.net
ymh2zml@163.com

106
Sven Začek
ESTLAND
www.zacekfoto.ee

108
Roberto Zanette
ITALIEN
robertozanette@hotmail.it